Yo Soy Suficiente

Mi Verdadero Poder Interior

Susi Canela

Libro producido y editado por Maria Erazo Enterprises. Publicado y con todos los derechos de autor Susi Canela.

ISBN: 978-0-578-58803-2 (hc)

ISBN: 978-0-578-58803-2 (sc)

ISBN:978-0-578-58803-2(e)

Este libro puede ser ordenado en www.amazon.com

Índice

DEDICATORIA

Dedico este libro a mi hija Emily a quien quiero dejar un legado como mujer. Quiero que mi vida sea un espejo en el que ella se pueda ver para que aprenda de mis errores y virtudes, y logre alcanzar ser la mujer para lo cual fue creada, y pueda continuar con el legado a la próxima generación. A mis dos hijos varones Raphael Jr. y Ray que con su atención y cariño me apoyan incondicionalmente para que yo logre mis metas. Dedico este libro a las mujeres que en estos momentos que estoy escribiendo y trabajando en la creación de este libro me han apoyado, sin su apoyo y oraciones no me hubiese sido posible culminar. A ti mujer que tienes este libro en tus manos, anhelo que te identifique con cada experiencia vivida, y te anime a tomar la decisión de hacer los cambios físicos, mentales y espirituales necesarios en tu vida. ¡Tú Eres Suficiente!

AGRADECIMIENTOS

Quiero agradecer primeramente a mis padres María Sánchez y Luis José Canela porque ellos fueron los instrumentos esenciales que Dios utilizó para traerme a este mundo, para que yo fuese pudiera ayudar a otras mujeres. A mi tia Sobeida Canela quien cuido de mí durante mi niñez en una etapa muy importante de mi vida. A mis hermanas Miguelina García, Ivania Canela y Yeribel Canela por siempre ser mi apoyo incondicional. A mis hijos Emily, Raphael y Ray por ser mi pilar e inspiración para yo convertirme en la mejor versión de mí. A la abuela de mis hijos Teofila Polanco porque ella me acogió como a una hija cuando llegue a vivir a los Estados Unidos. A Sonia Rodríguez porque gracias a ella me guió en mi caminar a una relación personal con Dios. Y a cada mujer que ha impactado mi vida de una u otra forma a través de los años. Sobre todo, gracias a Dios por que no sé dónde estaría yo sin la identidad que él me dio, y la forma que me ha guiado y protegido. Por su amor incondicional. Por poner en mi camino a cada una de las personas mencionadas aquí, y no mencionadas para ser instrumentos en mi vida.

A MANERA DE INTRODUCCIÓN

Bienvenido a **"Yo Soy suficiente: Nuestro verdadero poder interior".** Este libro fue concebido como una herramienta para el autodescubrimiento emocional.

En las próximas páginas nos pasearemos por todo el proceso que conlleva la esclavitud emocional, desde sus síntomas, amenazas, las fortalezas, virtudes y desvirtudes que embriaga ese estado emocional.

A través de mi experiencia personal, con cientos de tropiezos, caídas y desencantos, descubrí mi identidad, aprendí sobre la autovaloración, el respeto, el amor y el crecimiento personal. He escrito esta herramienta para que caminemos juntos, así como lo conseguí, tú también puedes hacerlo, recuerda siempre ¡tú eres suficiente!

Este libro está escrito entre verbos porque son acciones las que me movilizaron convirtiéndome en la persona que soy.

Desconozco dónde estaré mañana, pero puedo asegurarte que mi tren llegó y decidí subirme. El camino a nuestro poder interior es tan gratificante como largo, permíteme acompañarte para mostrarte desde la acción lo transformador, satisfactorio que es auto descubrirte por la persona más importante en tu vida, TÚ.

CAPÍTULO I

¿Cómo salir de la esclavitud emocional?

1. Reconocimiento de la situación

Hablar sobre la esclavitud emocional resulta ajeno a nosotras. Es uno de los temas que escuchamos como parte de los problemas en los vecinos, o un conocido lejano, pero reconocerlo en nosotras toma tiempo. Una vez concientizado, a sabiendas de la carga que implica se requiere de ayuda externa para afrontarlo.

Es necesario encontrar auxilio de cualquier forma posible. La ayuda espiritual es la primera a considerar. Para nadie es un secreto que existe una energía protectora y sanadora. Su nombre dependerá de las creencias personales, será un Dios, una energía divina, simplemente un yo interior. Lo cierto es que hacer ese contacto es primordial. Somos mente, cuerpo y alma.

A partir del momento en que las puertas de nuestras emociones se abren, los cambios internos comienzan a suceder. La mente y el cuerpo son capaces de conectarse borrando los pensamientos negativos y destructivos que tanto peso ocupan. Tu energía vital es primordial. Salir de la esclavitud emocional implica el fin de un círculo demoledor para iniciar la renovación resurgiendo como el ave fénix.

2. Encontrar ayuda.

Cuando se está en medio de un círculo vicioso, la situación es nociva haciendo casi imposible una salida desde la soledad de la persona. En ese momento necesitamos recibir ayuda, conectarnos con otras personas, grupos de apoyo que levanten, alienten, y examinen a fin de encaminarnos.

El reto en este paso es encontrar a las personas correctas en ese justo y exacto espacio de tiempo. Estas personas deben ser sinceras, unidas por un solo interés, el bienestar. Aquellos que ciertamente desean socorrer deben sentir un amor sincero hacia nosotros, con el objetivo claro, la asistencia ayudará a levantarnos. Particularmente en mi caso sentir la empatía de mujeres que no se fijaran en mis errores o pasado fue fundamental. Ellas estaban allí escuchándome atentamente en mi proceso de sanación libre de prejuicios, fuera de la nube gris que me acompañaba.

Muchas veces los propios sentimientos como la tristeza no permiten ver la realidad, alguien externo es perfecto para comprender el panorama general libre de sesgos, sobre todo cuando ese alguien desea el bienestar para nosotros. Esa es la clase de personas a las que se debe recurrir.

Ese grupo que me asistió, se fijó en la mujer desesperada que clamaba por auxilio desde su interior, aunque no encontrara las palabras correctas para expresarlo. ellas fueron capaces de conectar con la madre en mí, una mujer despedazada totalmente con las emociones como piezas de rompecabezas a la espera de un alma noble dispuesta a reconstruirme en una sola pieza. En mi caso fue un conjunto de mujeres quienes acudieron a socorrer.

3. Liberarse de cargas emocionales.

3.1 Desaprender para aprender

En medio del maltrato emocional, los sentimientos reposan a espaldas como un saco pesado que impide el avance normal de la persona.

La esclavitud emocional toma cuerpo girando en un círculo vicioso que a diario se apropia de la vida en el afectado. Para avanzar, es esencial desprenderse de ese círculo. Cerrar el ciclo perjudicial logrando así la libertad.

Todas las noches una pregunta me acompañaba a la cama ¿Cómo es posible que una perfecta desconocida se interese por mi bienestar? ¿Por qué otros ven valor en mí y yo no logro encontrarlo? ¿Existe la posibilidad que otra persona me quiera más que yo misma?

Ciertamente era un hecho que no me preciaba lo suficiente, pero una mano amiga se extendió invitando a la valoración, despertando en mí el amor propio. Ese era el cambio que necesitaba y llegó en el momento perfecto.

Comencé a mirarme al espejo reconociendo mis virtudes, mientras aprendía de mis defectos. Liberaba de poco a poco la carga, desaprendiendo la desidia y el menosprecio personal que por tanto tiempo me hizo sombra para aprender de nuevo a quererme.

Ese proceso de desaprender y aprender implica cubrir varios pasos, a saber:

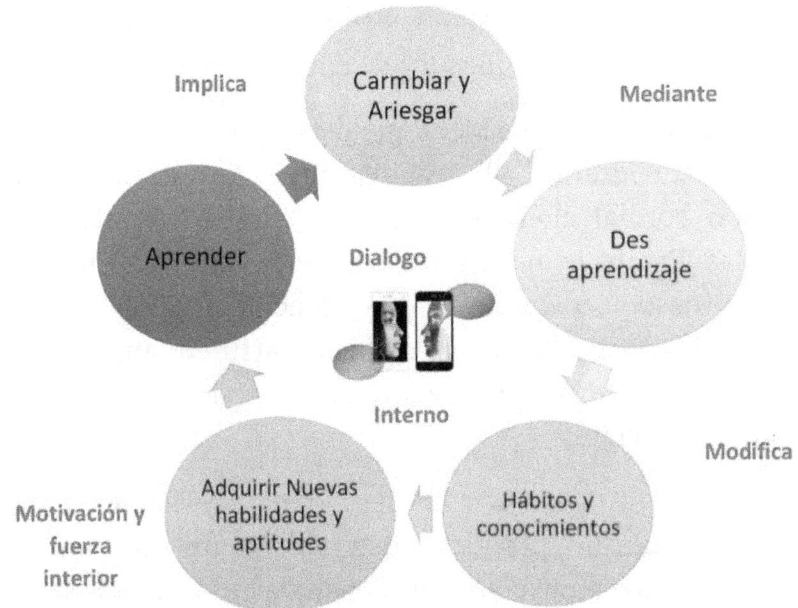

El proceso de desaprender y aprender sobre nuestras emociones en medio de la reflexión profunda producto del diálogo interior sincero. Escuchando nuestro yo interno permite avanzar en la liberación de cargas. La solidaridad, así como los lazos afectivos alrededor, permiten finalmente curar el dolor desapareciendo esas barreras definitivamente.

De forma errada las personas tienden a creer que los pesos de mayor afectación son físicos pero los emocionales suelen ser un complejo abstracto. Merecen cuidado. Reconocer día a día el valor que como personas se tiene es casi un acto heroico. Son pocas las personas que han aprendido en su vida sobre el aprecio. Muchos se inclinan porque el aprecio es "querer al otro", "guardar cuidado por los demás", "respetar a los semejantes", sin embargo, pocos recuerdan en esas sabias enseñanzas que el cariño por el otro empieza por el propio, lo mismo pasa con el cuidado y por sobre todas las cosas, por el respeto personal.

Reconociendo como están las emociones, funciona casi de inmediato como un modificador de conductas.

Por un momento considera que debes hacer un 'estudio de calidad en tu interior'. Se trata de un viaje íntimo, es una invitación cordial al autoconocimiento entre tus hábitos y conductas. Evalúa cómo te sientes al despertar, hacer tu labor favorita, desde costumbres tan sencillas como ver tu programa de rutina, el trabajo o el compartir en familia. Mira en tu espejo interno que sensaciones se despiertan y allí encontrarás la clave.

Al igual que tomamos el tiempo para evaluar lo más objetivo posible un producto, o simplemente una amistad identificando nuestras emociones positivas y las menos gratas sabrás qué puntos debes cambiar.

Cuando el maltrato emocional bien sea proporcionado por ti o un agente externo, comienzan aflorar, viendo el panorama real interno, ya se está listo para avanzar en tu próximo nivel.

3.2 Hacer cambios

Teniendo claras las emociones que deben ser modificadas, es momento de desaprender.

Pero ¿Qué quiere decir exactamente desaprender? Veamos con un ejemplo: si por largo período escuchas de tu pareja expresiones tales como 'tu no sirves para nada', 'no sabes hacer nada', 'todo lo que haces está mal', 'me encanta como cocinas', 'tu aroma me cautiva'.... cualquiera de esas frases repetidas como mantra llegan a convertirse en algo normal en tu mente hasta que aceptas que está bien. En ese momento, haz aprendido una emoción, se ha arraigado un sentimiento que bien puede ser de naturaleza positiva o negativa, lo cierto es que ha sido normalizado.

Cuando se trata de expresiones desagradables es necesario hacer cambios por nuestro bienestar. El doloroso proceso que implica el reconocimiento de esa emoción nociva, es vital para conseguir dejarla atrás, a ese proceso se le conoce como **desaprender.**

Este procedimiento resultará incómodo. Todo cambio despierta molestia, sin embargo, es necesario, recordar que te encuentras a la puerta de una transformación.

Como toda transformación, se requiere el desprendimiento, dejar atrás ciertas cosas para crear el espacio a la novedad, en casos se trata de simplemente hacer espacio a lo desconocido.

En mi experiencia personal, empecé a mirarme con cariño, -por muy irónico que pudiera parecer-, saberme querida por mí, me resultaba tan satisfactorio como regenerativo. Se trataba de una sensación extraña. Constantemente atenta en la receptividad externa, olvidé cómo se sentía el amor propio.

Tuve que aprender a quererme. Y saberme apreciada me fue permitiendo reconocer aquellas cualidades que otras personas distinguían con facilidad, yo lo merecía y lo merezco. A diario debía alimentar mi estima, en otras palabras, mejorar mi autoestima se integró a mi rutina diaria y lo conseguí.

El trabajo es similar al de cuidar del árbol en el patio de la casa. Necesita el regado continuo, abono, un chequeo diario para alejar cualquier amenaza que pudiera afectar su salud y belleza.

Para que un árbol crezca, son años de dedicación, constancia, cariño hasta que un día casi sin darnos cuenta, un robusto árbol emerge de la tierra y brinda sombra en casa.

Es el mismo proceso con las emociones, requiere de un trabajo diario, arduo y constante que siempre es satisfactorio porque se trata de la **persona más importante en tu vida, TU.**

4. ¿Cómo se llega a la esclavitud emocional?

Por lo regular las personas desconocen cómo llegaron a ese punto. Siendo conscientes y con buena actitud cualquiera pensaría que es un absurdo conseguirlo.

El apego emocional es mejor conocido como la falta de libertad porque haz creado una dependencia emocional. Cada hábito, creencia o actitud depende de alguien más, al punto de incluso creer que la felicidad llega solo cuando se tiene la aprobación de esa persona.

Es un sentimiento arraigado y como tal eres preso de éste al punto de haber creado un 'esclavo emocional' sin saberlo.

En casa cuando era pequeña mis padres debieron separarse. Mi padre se marchó a Puerto Rico en búsqueda de un mejor futuro. Todo sucedió cuando yo alcanzaba tan solo 5 años de edad.

Vivíamos en una casa muy humilde. Solo contábamos con algunas cosas esenciales y aunque amaba a todos, los momentos al lado de mi padre me resultaban especiales, únicos y hasta mágicos.

Recuerdo sus continuas salidas nocturnas. Aunque no entendía claramente su destino, me confortaba recordar cómo sería su regreso a casa. Él siempre llegaba en la madrugada, esa última noche él me sacó de la cama donde dormía con mi abuela Mamá Liona y sosteniéndome entre sus brazos llegábamos a la sala para dormir uno al lado del otro en una pequeña colchoneta.

Esa madrugada como siempre salió y yo esperaba ansiosa por mi rutina favorita, sin embargo, al abrir los ojos él no estaba allí y algo en mi me decía que esa vez sería diferente. Él había intentado irse en varias oportunidades y siempre regresaba, pero su oportunidad de traslado a Puerto Rico había llegado, ya no había marcha atrás.

Aunque era muy pequeña, aquel momento marcó para siempre mi vida. Fueron 7 años sin compartir con mi padre. Siete años de promesas incumplidas con la esperanza de su regreso latente cada cumpleaños, navidades o simplemente una reunión familiar. Para mí él era mi héroe, después de todo era solo una niña cuyo patrón paterno era un ejemplo a seguir.

En casa su palabra era ley, la máxima autoridad. Con nosotros solos en República Dominicana, mi mamá, mis hermanas y yo debimos reorganizar todo comenzando desde cero. Con el soporte económico y emocional perdido, mi madre debió solventar de alguna manera las cosas en casa mientras mis hermanos y yo seguíamos creciendo.

Así fueron pasando los años y se fue enfriando toda mi admiración por mi héroe. Hubo meses sin comunicación alguna. Él estaba en Puerto Rico tratando también de sobrevivir, hoy como adulta lo entiendo.

De poco, ese amor tan grande creó su propia barrera emocional. Ahora la falta de comunicación se había transformado en un rechazo de mi parte. Pasamos mucho trabajo en casa, cada día las cosas se complicaban más y mi autoestima se encontraba en la peor condición justo cuando mis hormonas surtían su efecto en mi adolescencia.

En el fondo de mi memoria conservaba a mi héroe de la infancia e inconscientemente cree un patrón emocional que debía seguir como una especie de legado involuntario al que estaba atada.

El apego se convirtió en una costumbre y de allí en una **esclavitud emocional** que empezó su recorrido mientras el nacimiento de mi identidad aguardaba por ser moldeada.

Cuando viajo entre mis recuerdos encuentro que fue ese el momento exacto donde perdí mi rumbo. Perdí la confianza en los demás y lo más importante, perdí la confianza en mí misma.

Mi papá era mi pilar y yo esperaba su regreso, pero pasé de niña a entrar en la adolescencia sin la figura de mayor valor emocional en casa.

4.1 Primeros síntomas de la esclavitud emocional

Cuando la seguridad proviene de un agente externo significa que somos esclavos de algo o alguien. El proceso es progresivo. Se van tejiendo vínculos emocionales a través de las experiencias diarias. Como parte de nuestros instintos naturales sentirse a salvo es uno de los propósitos en nuestra vida.

Siendo nuestros padres los primeros en proporcionar confort y protección resulta sencillo subirlos a un pedestal creando un modelo exacto a seguir.

En el transcurso familiar tradicional, los padres educan a sus hijos juntos bajo el mismo techo y aportan lo mejor de ellos a fin de lograr delinear una identidad.

Un tercer factor va tomando cuerpo en la medida que se va creciendo y la interacción con otros seres se gestiona, es el nacimiento del criterio personal como consecuencia de la comparación que tenemos en casa.

Aprendemos a tomar lo que consideramos correcto y rechazar lo opuesto en función a nuestra crítica.

A diferencia de esa conducta tradicional cuando los padres están ausentes o no se recibe atención suficiente que brinde la protección primaria, se pierden las coordenadas. La frustración invade al niño desencadenando el caos emocional, es allí cuando nos encontramos frente a un potencial esclavo emocional.

De alguna manera el niño necesita cubrir sus expectativas, él requiere depositar su confianza en alguien de acuerdo al último patrón emocional positivo que recuerde sin importar los efectos colaterales que ese patrón pueda conllevar; después de todo es solo un niño, el pensamiento de un mundo blanco o negro está vigente, aún es temprano para entender que en realidad vivimos en una escala de grises

En medio de aquellos cambios familiares, mi mamá primero nos dejó a mis hermanos y a mí con una amiga. En pleno proceso de aprendizaje, hoy día noto que copié lo bueno y lo malo como un acto de reflejo o imitación. Fueron años cambiando de mano en mano mientras tratábamos de sobreponernos a la vicisitud. Todo eso me afectó.

Tras el paso de los años, llegué a Puerto Rico, ya tenía 12 años en aquella época. Mis padres estaban separados oficialmente. Él tenía otra esposa y yo no quería ni acercarme porque en sí no lo reconocía, además la ira me invadía.

Me molestaba pensar que me había abandonado por una familia nueva, esa era la única frase que se repetía constantemente en mi cabeza.

Ver a mi padre me despertaba una mezcla de ansiedad, alegría y desasosiego. Es una mezcla de sensaciones, me desarmaba por completo dejándome vulnerable.

Mi papá trato y sigue intentando compensar su falla hasta el sol de hoy, no obstante, sus heridas dejaron huellas.

Durante toda esa vivencia no fui capaz de reconocer que el bienestar comienza en mi interior. Estancada, pasé un largo período viviendo en medio de una esclavitud emocional, queriendo dejar caer la culpa en otras personas.

Las consecuencias tangibles se denotan durante la adultez a pesar que desde niña las alarmas se habían activado.

4.2 *Retos frente a la esclavitud emocional y la carencia de identidad*

Una de los primeros retos es comprender que debemos tomar el control de nuestra vida. Es nuestra responsabilidad velar por nuestro bienestar.

Depositar el compromiso en cualquier agente externo (padres, parejas, hijos, amigos, entre otros), es la salida fácil que aparentemente nos libera del trabajo que conlleva tomar las riendas en nuestra vida. No obstante, delegar las riendas en un tercero se convierte con el tiempo en una carga pesada que reposa a nuestras espaldas y de a poco se va convirtiendo en una atadura física, emocional y espiritual.

Físicamente estás paralizada, consume de manera voraz tus fuerzas dejando tu cuerpo en una encrucijada donde no sabe discernir cuál es el camino correcto. La noción del tiempo se pierde por completo. Nada funciona como inspiración. El reflejo en el espejo muestra un cuerpo insulso sin valor ni sentido. Cuando miras alrededor tratas de encontrar sentido en tu vida, pero estas tan sumergida en la oscuridad que no consigues comprender lo que sucede.

Recuerdo haberme cuestionado: ¿Por qué me quejo si lo tengo todo? En ese momento me había mudado a Estados Unidos, estaba casada, mis hijos gozaban de buena salud, yo compartía la misma situación entonces ¿qué me faltaba?

No tenía una respuesta concreta, sólo puedo decir que mi vida no valía un centavo. Comencé a sentir pena por mí, hasta cierto punto era **autocompasión** el mejor calificativo que consigo para mi sentimiento.

La autocompasión por definición es la indulgencia o compasión hacia uno mismo.

Emocionalmente llegué a un estado donde quería ser el centro de atención de todo el mundo. culpaba a todos a mi alrededor por mis errores mientras el tono hiriente de tu subconsciente es autodestructivo, sólo repetía frases, expresiones negativas enfocado solo en los puntos que hasta ese momento me habían lastimado.

Los eventos asociados pasaban por mi mente en una especie de película en blanco y negro. La inestabilidad emocional era desesperante. Unos días eran regulares y en otros casos solo saber que debía despertar representaba un reto.

Adicionalmente mi pareja no me entendía, pero ¿cómo podía entenderme si yo misma no conseguía explicarme?

Confundida permití que otros tomaran decisiones por mí. No puedo decir que era víctima de manipulación porque yo lo permití. Así ocurrió y afectó mi vida.

Las consecuencias me han acompañado como mi sombra hasta hoy en día. Incluso en mi lenguaje era posible percibirlo.

Mis preguntas eran ¿tú crees que puedo hacerlo? ¿tú crees que esto está bien para mí? A diferencia de la forma como hago con mis hijos a quienes les permito tomar ciertas libertades decidiendo en función a sus gustos.

A los 14 años conocí al papá de mis hijos y el primer reto que enfrenté ya pasando de adolescente a adulta fue tener relaciones sexuales con él a temprana edad.

Carente de mi héroe de la infancia de alguna manera inconsciente traté de recrearlo en mi pareja.

Aparte de enamorarme de él, me encargué de idealizarlo desde el primer momento que nos conocimos. Saber que podía trabajar y brindarme apoyo y amor ya era un gran alivio. Adicionalmente su familia me abrió las puertas de su casa acogiéndome al poco tiempo de conocidos.

La emoción en mí me recordaba a la niña que en el regazo de su padre por largas noches se alegraba al sentirse protegida.

Cedí en todo lo que su familia y mi pareja me pedía con tal de sentir ese guardo.

A partir de ese momento reduje mi individualidad hasta el punto de casi la desaparición. Ahora solo quería complacer a esa persona, todo giraba en función a él.

Su caso era absolutamente diferente al mío. Su mente era fuerte las bases de su hogar y su historia familiar distaba enormemente de la mía. Fue allí cuando terminé de perderme.

Llegue al punto de consentir separarme de mi mamá para mudarme con él y su familia con 15 años de edad. Solo estaba cambiando el ente del cual dependía, lo terrible fue la cantidad de poder que le aprobé en mi vida.

Una persona que no se conoce, comienza actuar como una marioneta, si él decía azul, era azul y así con todas las decisiones.

Mis primeros tropiezos fueron como pareja, aunque no fuimos casados, ya vivíamos en concubinato.

El siguiente error fue quedar embarazada de mi niña a los 16 años. El problema no era la bebé sino la premisa de una joven criando un niño. A esa edad no entendía siquiera los cambios por los cuales estaba pasando mi cuerpo. Mi conocimiento se limitaba a la información que me comentaba mi suegra, y en su mayoría, necesitaba arreglarme por mi cuenta.

Entender que estaba pasando conmigo. Puedo decir que si me alegraba la idea de saber que una personita estaba creciendo en mi vientre. Debí madurar rápidamente bajo el ensayo y error. Hubo muchas cosas que ocurrieron por inmadurez en la relación, después de todo éramos un par de adolescentes.

Él quería salir, continuar su vida como nada hubiera ocurrido y no podía reprimirlo de la idea, además él contaba con el respaldo familiar mientras yo me encontraba de nuevo desamparada.

Pasar por todos estos cambios a tan corta edad, a saber: embarazo, vivir en un país alejada de mi familia, una lengua que no hablaba... en fin, todos los factores juntos trajeron como consecuencia una bebé y un alto grado de co dependencia hacia mi pareja.

En ese momento en orden de importancia mi hija representaba el primer lugar, mi esposo el segundo y yo quedaba relevada a la tercera posición.

Me quedaba sola en la casa, eso me encerró, estaba deprimida. Pero en esa época hablar de depresión no era común, casi un tabú visto como un mal incurable por lo que pocas personas conversaban al respecto o al menos a mis oídos no llegaba comentario alguno.

Desconocía el concepto de depresión, pero tenía toda la práctica en clase avanzada. Yo pensaba que esos sentimientos eran normales, una simple consecuencia por la separación de mi familia. Como consecuencia la poca autoestima que un día tuve andaba por el piso. Sin planes, sin futuro, la desidia era mi mejor amiga.

Vivía al día. Me despertaba, me marchaba a la escuela para terminar la escuela secundaria, acto seguido, llegaba a casa a limpiar porque mi suegra cocinaba, tomaba una ducha, me quedaba en la casa hasta esperar a la llegada de mi pareja por la noche. Luego empecé a trabajar en un restaurante chino, eso sí mi autoestima continuaba en el mismo nivel. Seguía siendo la marioneta de siempre y esa esclavitud siguió por muchos años.

Me quedé callada soportando tantas cosas por no querer afrontar los hechos. Debí decirle a mi familia que necesitaba su apoyo, pero evitaba a toda costa escuchar el temible "Te lo dije".

Soporte tantas humillaciones, vaya que poco me apreciaba. Un día me botó de la casa porque llegué y lo encontré con otra mujer allí, entre las mismas paredes donde nuestro "hogar" yacía, pero te repito, éramos solo unos inmaduros o al menos eso me gusta pensar para justificar los hechos. Yo permanecí a su lado por el amor que le tenía además lo último que quería era ver a mi familia juzgándome señalando las razones por las cuales seguía allí.

Cuando miro hacia atrás me parece increíble pensar que **miedo** son cinco letras, una palabra tan pequeña pero que llegó a controlar mi ser gracias al poder que le deje tomar.

El miedo me llevó a pensar por un largo período que el dedo acusador de mi familia reposaba sobre mí. Evitando el "Te lo dije", me desenfocó del problema guiándome en un camino sin rumbo soportando situaciones que solo empeoraron mi esclavitud emocional.

En lugar de tomar ese camino correcto, terminé aislándome. Mis padres dejaron de hablarme por un largo período y eso también me dolió. Con lágrimas en los ojos recuerdo el dolor y la pena que sentí entonces, estaba absolutamente decepcionada de todos y de todo.

Estaba haciendo exactamente lo que yo no quería hacer.

4.3 ¿Cuándo y cómo buscar salida a la esclavitud emocional?

Como todos los problemas emocionales, los procesos son lentos y dependerán de cada persona. Nada allí es correcto o incorrecto, recuerde como personas tenemos características que nos definen de tal manera que una fórmula mágica queda descartada.

Nunca entendí porque me pasaban tales cosas como ¿Por qué mi pareja no me correspondía?, ¿Por qué buscar cariño fuera de casa? ¿será acaso que no soy suficiente? O ¿ya no me amaba?, y si ese era el caso ¿por qué no me lo decía? ¿Dónde quedó mi sueño de aquella niña que se pensaba la azafata de una reconocida línea aérea?, ¿Qué ocurrió con esa premisa "no sufriré como lo han hecho mis padres, mi vida será mucho mejor?

Trataba de hacer todo a mi alcance por brindarle felicidad. Pero tal parecía que mis intentos eran insuficientes. Constantemente sentí que sin importar cuanto hiciera, nunca sería suficiente. El sentimiento de insuficiencia me acompañó hasta integrarse a mí, formaba parte de mi normalidad. A partir de entonces todo cuanto quería hacer, sin haberlo iniciado siquiera, ya había sido juzgado por mi mente como "insuficiente para él".

Le comenté acerca de mis sentimientos y nada le interesaba o al menos eso demostraba. Siempre repetía "ya vienes con la misma historia" o peor aún "estás loca". En este proceso las dudas invadían mi mente. Cada movimiento que hacía, lo calculaba varias veces para tratar de no equivocarme. A pesar de ello, el resultado era el mismo, las consecuencias eran peores. Me sentía inútil, poco capaz de hacer algo bien. El miedo se apoderaba de mí hasta para tareas de rutina como la cocina. Vivía con la seguridad como abrigo descartando así que pudiera tomar cualquier simple decisión en mi vida. para todo necesitaba la aprobación de un tercero.

Desesperada comencé a cortarme con un cuchillo. No era capaz de sentir nada. Aumenté 2 tallas de mi ropa y a pesar de ello mi rostro era pálido con actitud taciturna. Pensamientos suicidas eran una constante en mi mente. Mi vida corría riesgo.

Era obvio que algo no marchaba bien, pero todo se me hacía tan extraño. Mi habilidad para enmascarar las emociones sirvió hasta entonces. Con mi mejor actuación salía a la calle. Pocas personas lograban reconocer la existencia de un problema.

En un entorno de decepción, finalmente giré mi cara para ver mi reflejo encontrando un desastre de persona, esa no era yo. Para entonces mis tres hijos ya habían nacido y yo era una mujer sedentaria, con sobrepeso, pero por sobre todas las cosas carente de todo soporte para brindarle a mis hijos incluido el soporte emocional.

Era evidente que el juego del intercambio de personas como protectores no daba resultados. Estaba cansada, solo quería encontrar una solución rápida a ese problema.

Con 3 niños pequeños, una pareja que poca o nula atención me prestaba y mi familia alejada, mis deseos por desaparecer crecían a diario. Era suficiente de la vida martirizada que me arrastraba desde la infancia. Intenté en vano varias veces alentarme repitiendo esos pensamientos y el éxito no llegó.

Eventualmente una mujer se acercó a mí, pero esta vez no con ánimo de protegerme sino de brindarme herramientas para aprender hacerlo.

La luz al final del túnel empezaba divisarse. Aprendí sobre mi fuerza interior, a escucharme, alimentar mi autoestima e ir creando mi propia identidad.

Esta vez leí en varias fuentes acerca de la palabra clave que todos veían en mi problema: "la autoestima".

De acuerdo con el humanista Abraham Maslow en su libro *'Una Teoría de la motivación humana'*[1], el resumen de su concepto sobre la autoestima señala: es la valoración de uno mismo, que puede ser positiva o negativa, e influirá en todas las conductas del individuo en su forma de ver el mundo, de valorar a los demás, y en sus emociones. En otras palabras, estamos hablando del amor propio.

Algunos más osados profundizan en el tema y le establecen valores de donde surgen frases como la 'autoestima alta' o la 'autoestima baja'. Aunque la autoestima reúne ciertos estándares en realidad los parámetros de medición dependen de cada persona.

Aunque la autoestima reúne ciertos estándares, esto dependerá de cada persona.

Llegué a un grupo de ayuda y francamente nunca creí que al llegar aquel departamento modesto con un recibidor

---

[1] "Una teoría de la motivación humana" Abraham H. Maslow Ediciones Díaz de Santos, 1991

pequeño y 12 mujeres compartiendo espacio, yo iba a comenzar la transformación de mi vida. Me sorprendieron gratamente. La gente de ese grupo, no veía mi pasado. Los señalamientos quedaban de lado.

Aunque llegué al lugar con la mejor de mis actuaciones de mujer feliz y tranquila, ningún miembro del grupo creyó mi actuación. No se trataba de algo negativo, fue una invitación de liberación real para solucionar la situación que me afectaba.

Confieso, no quería decir la verdad. Tras la constante automutilación, ver el rostro de mi inocente hija me recordaba la culpa por el mal que estaba haciendo. A mi juicio ella no se daba cuenta de nada porque aún estaba pequeña, en cuanto a los varones menos, eran solo unos bebés. Pero mi hija era testigo de las peleas y mi sufrimiento. Varias veces Emily, mi hija, me acompañó a esperar a su papá despierta sentadas en el sofá hasta quedarnos dormidas sin que él apareciera en casa. Para mí, ella no entendía nada. "Todo estaba bien".

Una vez ella se escondió en un recodo del cuarto y presenció lo que me hacía. Se hundió en llanto al ver a su madre cortarse. Al escuchar sus lamentos vi su rostro y me pregunté ¿qué tipo de madre soy yo?, ¿qué clase de educación quiero para mi hija?, ¿por qué aun teniendo una hija amorosa que me suplica cariño, insisto en lastimarme?, ¿he perdido el valor de mi vida?

Comenté en el grupo un poco de mi experiencia agregando sentirme merecedora de la culpa debido a mi actitud con mis padres. Asimismo, añadí, sé que merezco el maltrato de mi pareja ya he visto esto antes entre mis padres.

Cuando volví a visitar a mis padres, yo les daba a entender que mi vida marchaba maravillosamente. Yo estoy bien, mi hija está bien. El perdón por el alejamiento ya había llegado entre mis padres y yo, desconozco que tan sincero era, solo estaba claro, si hablaba mi mentira se derrumbaría de inmediato. Iba todos los años religiosamente a visitarlos mostrando mi mejor porte y el de mis hijos.

Al ser visitada por mis padres en contadas oportunidades, no estaban al tanto de saber si decía la verdad o mentía ¿Cómo podían confirmarlo? En el fondo siento que ellos eran conscientes de la falsedad en mi historia, pero no querían hundir la daga en la herida derrumbando mi fantasía.

Todo el tema en pleno estado de vulnerabilidad despertaba mi coraje, me descolocó. ¿Por qué no se involucran en mi vida? ¿Por qué no se acercan? Teniendo los recursos, los papeles, la situación era idónea para su contacto, eran inquietudes que rondaban en mi mente. A lo mejor mi pareja y su familia al ver una figura allí paterna o materna que me respaldara, podría haber actuado de forma diferente por respeto a mi familia. Probablemente muchas vicisitudes se hubieran evitado. Todo esto pasaba por mi mente repitiéndose una y otra vez.

De nuevo solo veía el panorama desde un ángulo cerrado, esperaba que esa recreación mental del escenario perfecto llegaría por sí sola. Eso no era posible sin que admitiera la realidad y **pidiera ayuda**.

Yo solo quería complacer a la gente. Al llegar a casa lo que anhelaba era complacer a mi pareja. ¡rayos! Deseaba con fervor que todo marchara sobre ruedas y poco me interesaba cuanto sacrificio debía hacer, en mi opinión, representaba un precio ínfimo frente a mis expectativas de ganancia.

Desafortunadamente mi esfuerzo resultaba insuficiente pasando así desapercibido.

Desde luego la rabia se acumuló en mi interior, sentía el dolor de la ignorancia, estaba sola, aunque mi pareja y yo compartíamos el mismo techo.

Desarrollé una especie de doble personalidad y no lo reconocí sino mucho años más tarde. Ahora que puedo mirar mi pasado siendo consciente de los hechos, siento que fui hipócrita no solo con los demás sino conmigo misma.

Cuando se baja el telón del teatro, tras bastidores, sin importar las habilidades histriónicas mostradas, solo somos personas que sienten y padecen.

Así pasaron los años sumergida en la mentira. Las cosas en vez de mejorar empeoraron. Las mentiras se hicieron un hábito, ya no era solamente con él o con mi familia, terminé por construir un mundo paralelo a base de esa falsedad.

Con un círculo familiar tan pequeño, mantuve la esclavitud intacta, fue horrible por muchos años. Viví una doble vida entre la realidad y la ficción. Deseando que mis padres me acompañaran.

Salí de Puerto Rico con rumbo a Estados Unidos con ganas de hacer una nueva vida. a diferencia de esa meta, conseguí cambiar el paisaje, las personas alrededor, pero conservando el mismo patrón nocivo. Mostraba al mundo una cara que era diferente de la realidad.

Mi hija creció viendo ese ejemplo así que la aproximé a esa práctica. Mi esclavitud emocional era una especie de herencia en vida que estaba pasando a mis hijos.

Se repetía la historia. Mi papá tomaba, se iba a trabajar por largos períodos afuera y algunas veces regresaba sin un centavo porque se lo tomaba. El carisma de mi padre de alguna forma me conquistaba. Él era un hombre amoroso, incluso borracho para mí, era el mejor papá del mundo. Poco tiempo pasaba cerca de sus hijos no obstante eran tan gratos que sencillamente quedaron atesorados en mi memoria.

Recuerdo que él tenía una motocicleta donde nos montábamos todos. Mi papá manejaba mi hermano mayor se sentaba siempre detrás de él, mi hermanita más pequeña se sentaba en las piernas de mi mama y yo entre ellas terminábamos de completar el grupo familiar de paseo visitando a mi abuela o donde quisiéramos, esa era nuestra forma de transporte.

Vivía en medio de la pobreza, compartíamos una casa para dos familias. Estamos hablando de una casa construida con listones de madera con dos ambientes improvisados mientras unas ligeras cortinas separaban la casa. Mi tío y su familia vivía de un lado y mi papá junto a todas nosotras, hacíamos vida al otro lado de la misma casa. En ese momento nosotros éramos realmente felices o al menos eso creía yo porque como niños asumimos que mientras papá y mamá están bajo el mismo techo, todo está bien. la realidad de nuestros padres o, mejor dicho, nosotros como adultos, es diferente.

Esta vida que yo tenía no era otra cosa que una réplica de mis padres. Ellos pasaron por una situación similar así que podría decirse que esto era una rutina, una penosa práctica con el sello de familia que creaba un patrón.

Necesitaba una salida a esta locura. No era una alarma o un hecho en específico, fue el cúmulo de cosas que explotaron un día tal vez por una tontería. Para el momento en que esta mujer me escuchó y dijo: **hay alternativa a tu problema si realmente deseas solucionarlo**. Era esa la oportunidad que estaba esperando así que decidí tomarla.

4.4 *Dependencias que aproximan la esclavitud emocional*

El miedo asumir responsabilidades.

"Yo soy yo y mi circunstancia, y si no la salvo a ella no me salvo yo" es una de las afirmaciones más poderosa escritas por Ortega y Gasset[2]. Saber y aplicar ese pensamiento nos impulsa a entender que nadie podrá conocernos mejor que nosotros siempre que concienticemos. Somos consecuencia de nuestras acciones e inacciones interactuando con el entorno. En otras palabras, **delegar el compromiso de nuestro rumbo en la vida es regalar la vida misma**. Solo tú serás capaz de ver lo mejor para ti. Entregar esa carga a un tercero es lo mismo que esperar que funcione la misma dieta para todo el mundo.

Naturalmente somos seres de retos. Desde que nacemos desarrollamos habilidades. Las primeras son físicas, aprendes a modular, gatear, conoces cada parte de tu cuerpo, cometes errores en el proceso, pero algunos olvidan ese tema cuando se habla de cualidades porque son intangibles.

El miedo proviene de la presunción a fallar en el entendido que es sinónimo de fracaso y nadie quiere fracasar ¿correcto? Pero son nuestros fracasos los que mayor cantidad de aportes dejan en nuestra vida.

---

[2] "Meditaciones del Quijote" escrito por José Ortega y Gasset. Año 1914.

Volvamos al ejemplo de los bebés, ¿conoces alguno que no cayera al piso al dar sus primeros pasos? O uno que pronunciara todas las palabras a la perfección en su proceso de aprendizaje. Lo mismo pasa con cada experiencia en la vida. Piensa en la primera vez que decidiste probar suerte en la cocina, o la primera vez que manejaste, tu primer empleo, la primera vez que debiste enfrentar el mundo solo o sola. ¿Pudiste hacerlo correctamente desde el primer intento? ¿Cuántas veces intentaste hasta conseguirlo?

Cometer errores nos hace humanos entonces si estamos dispuestos hacerlos por cosas tangibles ¿por qué no hacerlo con nuestras emociones?

Asumir la responsabilidad de nuestra persona es básico para evitar caer en las riendas de la esclavitud emocional.

La eterna identidad indefinida

Alguien sin identidad solo es un ser tendencioso que se deja arrastrar por la corriente. Eso aplica para las personas, incluso para las marcas y productos.

Como seres humanos al no tener una identidad definida por nosotros, es nuestro entorno quien decide sobre nuestra personalidad. tómate un minuto y detalla el entorno, considera la cantidad de veces que viste alguien incómodo por hacer algo como llevar un atuendo incómodo "porque sus amigas lo amarían", tal vez fumar "porque los demás lo hacen" y terminan definiéndose como 'fumadores sociales', las veces que tú misma asististe a un evento al cual no querías ir, pero "¿Qué iba pensar fulana si no ibas?, como eso cientos de ejemplos que demuestran el control ejercidos por otros sobre ti. Esa es una falsa personalidad, se trata de la adopción de conductas de acuerdo a la percepción que terceros tiene sobre nuestra vida. Por eso es muy importante tomar la responsabilidad de nuestras acciones, definir nuestra identidad y personalidad.

El ser humano obtiene identidad de acuerdo con su interacción con el entorno. En una suerte natural de acción y reacción evaluamos, juzgamos desde pequeños y tomamos aquellas aptitudes que en nuestra opinión funcionan, es por ello que hasta el momento de la concientización asumiendo esas decisiones, la identidad sigue aguardando por cada cual en su vida.

Por eso es que es fundamental la alimentación emocional brindada a nuestros hijos. Ahora, bien, nací en un hogar disfuncional y no soy la única persona que vino al mundo en esas circunstancias, tal vez sea tu caso, o tal vez no, sin embargo, el proceso de la creación de identidad ¿Consideras que recibiste todo el soporte emocional que habrías querido? O mejor dicho requerido. Alimentar la estima de nuestros hijos durante su crecimiento haciéndolos conscientes del "aquí y el ahora" los fortalece creando adultos con fortalezas emocionales por tanto capaces de autoestimarse.

Cuando la baja autoestima forma parte de las características de un adulto, por lo regular las bases provienen de su hogar y muy pocos habiendo crecido de ese modo pueden enseñar a sus hijos algo diferente, ese es el principal motivo por el que pasa de generación tras generación el mismo problema con diferentes personajes como una herencia de vida.

Si tú, mujer que me lee. No defines tu identidad, existe una alta probabilidad que tus hijos repitan la misma historia.

Ellos crecerán al igual que nosotras con inseguridades, baja autoestima, y trastornos emocionales empujándolos hacia la esclavitud emocional.

Si queremos evitar la dependencia debemos definir quiénes somos, cuál es nuestra naturaleza, que nos identifica, ese algo tú lo conoces y debes atesorarlo. Es posible que cambies de amigos, de ropa, carro, casa, país o simplemente de entorno, pero tú eres único, para conseguir verlo hace falta crear nuestro propio concepto, conocernos, explorarnos hasta construir nuestra personalidad.

En mi caso personal construí mi personalidad cuando me conecte con mi creador Dios, el arquitecto de mi existencia, quien considero me aporta más valor que cualquier piedra preciosa. Puede que en tu opinión sea una energía o incluso ciencia, en todo caso la invitación cordial es a que lo busques, conectes y desarrolles esa relación que cambiará tu interior. Cuando cambias ese aspecto, como acto reflejo, el exterior también se adapta ajustando los cambios respectivos.

Evitar la idolatría

En el campo que fuere, idolatrar implica un acto de amor o admiración excesivo y nada en exceso es bueno.

El amor por nuestros padres es un acto hermoso y absolutamente natural. Siendo nuestros héroes de infancia la línea que separa el amor de la idolatría es delgada.

No obstante, recordemos que ninguna persona es perfecta, cada cual como hemos conversado antes, tiene su propia personalidad y se adaptará a las circunstancias de su caso específico. La obediencia a los ídolos termina siempre en un acto de caos moral, espiritual o social

En mi caso recuerdo como caí en ese círculo vicioso varias veces a lo largo de mi vida. En mi infancia idolatraba a mi padre, era mi héroe, solo él representaba la perfección para mí, no veía defectos sino bondades en él. Lo creí mi Dios hasta que ese Dios se marchó. Años más tarde, encontré a mi pareja, llegaba un nuevo ídolo a mi vida; solo con verlo creí que sería incapaz de herirme de ninguna manera. De alguna forma asumí que él nunca se iría de mi lado, apoyándome brindando la protección y el cobijo que una vez hallé en mi padre.

Además de esos casos hubo líderes religiosos, incluso amigas a quienes también llegué a idolatrar. El resultado final es el mismo, la desilusión, dolor y hasta traición.

Cuando idolatramos a alguien quiere decir que estamos depositando toda nuestra confianza en esa persona, cosa, religión, etc. Ese algo es simplemente perfecto y cualquiera que diga lo contrario está errado, total es nuestro ídolo y ¿quién puede tener un ídolo imperfecto?

Liberarse de la adoración a cualquier ente o ser permite alejarse de la esclavitud emocional debido a que te exime de la visión "perfecta" que suele acompañar a los ídolos.

¿Recuerdas la mujer que mencioné anteriormente que llegó a mi vida ofreciendo una alternativa de solución? Ella me enseñó a desprenderme de la idolatría en especial con otros seres humanos porque como tal, somos imperfectos y eso solo causa estragos en nosotros, en algún momento ese ídolo se equivocará rompiendo con nuestra confianza y como hemos depositado todo en ese alguien, nos fracturamos. Es como un inversionista que decide apostar todo su capital en un solo sitio, mientras ese lugar esté de buenas, reporta ganancias, en caso contrario es una inmediata bancarrota porque está cegado, no ve a los lados, está adorando una sola acción.

Con mi confianza fracturada, decidí recoger todos los pedazos y seguir a Dios no bajo el concepto tradicional yendo a la iglesia dando golpes de pecho para luego salir a la calle pregonando algo diferente, decidí seguirlo desde mi corazón, es por ello que en acciones demuestro mi amor hacia él. Este es el camino que mis hijos y yo hemos tomado, a mí me ha funcionado y agradezco las bendiciones que he recibido, más sin embargo no es el único camino disponible. Recuerda que cada uno va diseñando las vías que debe tomar.

Mira dentro de ti, descúbrete, y escucha que dice tu interior. La idolatría termina en la misma línea donde empieza el amor propio así que **ámate**.

Ejercicio No 1

Haz empezado a reconocer la esclavitud emocional en alguien más, ahora es tu turno de autoevaluación.

Escoge un sitio tranquilo en casa y dedica unos minutos para ti, presta atención a la persona más importante en tu vida, tú. Responde los más objetivo posible las siguientes preguntas:

1. Mira en tu espejo interno e identifica dos situaciones que despiertan rabia constantemente y que son causa de discusión bien sea física o mental con tu pareja, amigos, compañeros de trabajo o familiares pero que nunca comentas por algún temor (bien sea por temor al rechazo, a ser señalada o simplemente porque te afecta solo a ti).

____

____

____

____

____

2. Identifica cómo te hace sentir

____

____

____

Vamos a profundizar acerca de esas dos situaciones. Por favor responde a las siguientes preguntas para cada una:

3. ¿Cómo llegaste a esa situación? (trata de recordar qué cosas hiciste o dejaste de hacer para llegar a esta incomodidad)

Situación 1

____

____

____

____

Situación 2

____

____

____

____

4. ¿Con qué frecuencia se repite esa situación? (trata de ser lo más objetiva posible)

Situación 1

1 vez al día ◯　　Diario ◯　　　Anualmente ◯

2 veces al día ◯ Semanal ◯　　Cada vez que... _______

Ejemplo:　*Cada vez que salimos de paseo*

Situación 2

1 vez al día ◯

　　　　　　　Diario ◯　　　Anualmente ◯

2 veces al día ◯ Semanal ◯　　Cada vez que... _______

Ejemplo:　Cada vez que salimos de fiesta

5. Describe cómo te hace sentir esa situación (vamos es tu momento, desahógate, recuerda esto es una guía personal

____

____

____

Ahora eres consciente de las 2 situaciones que más te aquejan, avancemos en su solución.

CAPÍTULO II

Detenerse para avanzar

Para conseguir avanzar al cambio, una parada es inevitable. Es el momento donde puedes ver la gran fotografía de la situación. Solo deteniéndose y analizando somos aptos de concientizar los errores y evitar repetir los mismos patrones de forma cíclica.

Uno de los efectos de las paradas además de ver ampliamente el escenario, incluye la salida de nuestra zona de confort.

Sí, aunque no lo creas, cuando decides inconscientemente seguir viviendo con una situación repetidamente y la justificas mencionando temas como *"es que al menos tengo un techo"*, *"es que al menos es un trabajo"*, *"al menos salimos"*, ... al menos.... o peor aún cuando se trata de justificar con la religión mencionando *"cuando menos Dios me permitió..."* Estimada o estimado, por la fuerza, Dios, o energía que hayamos sido creados, **hemos sido dotados de las herramientas para construir nuestra felicidad no la conformidad**, aquel que vive solo en la monotonía sin importar cuan perturbadora o hiriente pueda ser, solo está sobreviviendo, casi pudiéramos decir aguardando en silencio por el momento de su despedida del mundo que conocemos.

Si algo nos molesta, desagrada o simplemente nos hace infelices, estamos en la necesidad de cambiarlo. Te recuerdo como vimos en el capítulo I, la persona más importante en nuestra vida somos nosotros.

Para hacer el cambio, los descansos son imperiosos de hecho, si te fijas es el mensaje implícito a nuestro alrededor.

Pensemos por un momento en un tema cotidiano como el traslado de un punto A hasta un punto B. Si tomas escaleras, hay descansos, cuando vas en tu auto, tienes semáforos, hay descansos, si vas en tren, hay paradas, lo mismo para un bus público, incluso sentado en un avión por par de horas o 6, tal vez más, la tripulación del avión tiene programadas tus meriendas para que tomes un descanso.

Ése es tu espacio para ver las cosas desde otra perspectiva o, mejor dicho, para ver la fotografía completa, después de todo, cada detalle cuenta y la vida está llena de detalles.

Ahora veamos un caso más complejo, ¿Qué tal la manera como nos relacionamos con un conocido? Tal vez pasas con él una tarde, salieron de paseo, o solo almorzaron juntos, al final llega el descanso, cada uno se retira a su casa continuando con otra actividad. Un alto porcentaje de nosotros sigue rememorando momentos de esa salida, se ríe, llora o reflexiona solo, en otras palabras, aunque físicamente distas de esa persona, sigues pensando en la experiencia del momento. Lo mismo hacemos con todo en la vida, es nuestro cerebro trabajando, pero, aunque es considerado una máquina perfecta, requiere ayuda.

De acuerdo con el fisiólogo, médico, psicólogo y neurólogo austríaco Sigmund Freud, la mente está dividida en tres zonas, a saber: el Yo, el Superyó y el Ello[3].

El Yo (**Id**)*:* es la parte consciente de nuestra mente, está asociada con el concepto de realidad. Allí se encuentra todo lo lógico, analítico, lo racional, abstracto y por consiguiente nos acompaña en nuestras tareas diarias permitiendo reaccionar a nuestro entorno. Por su función racional, el "Yo" es controlador, estructurado y tiene la necesidad de controlar las otras partes del cerebro. Adicionalmente para conseguir que nuestras actividades se mantengan dentro de los márgenes de buena conducta, "el Yo" actúa como un funcionario estableciendo límites.

El Ello (**ego**)**:** El Ego o Id guarda en la memoria los aprendizajes, competencias, conocimientos y experiencias que buscan el placer inmediato sin importar sus consecuencias. Es la parte de la mente que rige nuestra conducta una vez nacemos, es absolutamente instintivo, primitivo, el no razona, asimismo es el área creativa, de los instintos sexuales y de personalidad. Cuando el descontrol aparece, es "el Ego" tomando el control del momento.

El Superyó (**superego**)**:** surge a partir de la socialización. Controla los impulsos de "El Ego" estableciendo reglas, limitando su acción descontrolada. Es esa área que recuerda la presión de nuestros padres, de la sociedad, o tus propias reglas. Maneja todos los esquemas del contexto social que nos transmite unas normas, unas pautas, unas guías de comportamiento. Esta entidad psíquica tiene un fin último muy concreto: velar por el cumplimiento de la moralidad.

---

[3] "The Interpretation of Dreams" por Sigmund Freud, año 1900

La clave de la interacción de todas esas partes es el balance. Ninguna de las partes es completamente buena o mala, de hecho, deben trabajar como un conjunto tripartito cohesionando las ideas donde cada cual tiene su espacio y tiempo. Cuando SOBREvives callado, abstraído sin buscar solución a los problemas por temor a la reacción del entorno, "El Yo" y el "Superyó" han tomado las riendas de tu mente olvidando y casi cerrando las puertas a "el Ego".

Considerando que se trata de la explosión creativa en nuestra mente, te has limitado por completo, sacrificando tu vida. dicho de otra manera, te has negado a VIVIR por SOBREVIVIR.

Cuando permites tomar un tiempo para analizar los diferentes puntos de vista ante un evento, permites que las tres partes de tu cerebro trabajen a tu favor.

Curiosamente existen más personas con problemas para quedarse quietos conscientemente que personas moviéndose para hacer algo. Considera los cientos de individuos que despiertan de madrugada habiendo reposado su cuerpo unas pocas horas todos los días para ir al trabajo, hacen sus actividades en modo automático y de esa forma pueden pasar 20, 30 incluso más años de su vida envueltos en el mismo cuadro, con las mismas quejas (este salario no me alcanza, es que en este edificio no arreglan los elevadores, o no importa el sacrificio que hago, todo es por mis hijos).

Nadie podría decir que está bien o mal, pero en casi todos los casos te puedo asegurar que existe una mejor manera de lograr esos resultados, pero si no se detiene por un momento, jamás podrás ver en qué dirección estás caminando.

Mi caso era el anclaje en la queja acompañada de la inconformidad. Estaba molesta, irritada de estar en movimiento, pero sin conseguir objetivo alguno. Es como el que corre y corre, pero no sabe adónde va. En mi opinión, trataba de mantener a mi familia feliz, pero en realidad sólo conseguía aumentar la infelicidad entre nosotros. En mi trabajo solo me quejaba, eso sí, no hacía nada para cambiar la situación. En el aspecto espiritual estaba muy bien a mi juicio, yo asistía religiosamente a la iglesia, es más aumenté la frecuencia.

Un día me detuve y reflexioné. Me senté en mi espacio favorito de mi cuarto y conecté con mi yo interno. Permití que mis emociones fluyeran, lloré, reí, fue una grata experiencia. Allí pude encontrar descanso. Debía empezar de nuevo. Partiendo de mis decisiones de acuerdo a la reflexión.

Decidí evitar la queja, en lugar de repetir "es que ustedes no hacen...", decidí aportar soluciones "¿Qué tal si hacemos...?". Ya había empezado conmigo misma sin darme cuenta y estaba funcionando. Tomar espacio para mi conmigo como única compañera y allí pude descubrir mi valor. Aprendía amar en el caos de mi casa, a encontrar soluciones para la sanación emocional propia, de mis hijos y demás familiares.

Comencé a involucrarme más en mi trabajo, a romper barreras que yo misma había creado por desconfianza personal. Tome los cursos que los mismos jefes ya me habían ofrecido.

Los cambios surgieron en la medida que aplicaba mi nueva actitud. El tomar el tiempo para detenerme me ayudó avanzar. Ya no caminaba en círculos, ahora hay avances, existe un verdadero movimiento con un norte claro. Es allí cuando puedes redireccionar tu vida física, emocional y espiritual, consiguiendo ver la imagen completa de ti, concientizando en el aquí y el ahora.

Cambiando patrones

Algunas veces el paso del reconocimiento ya se ha dado, es decir, sabemos exactamente lo que está ocurriendo, pero nuestra mente en ese momento busca alguna actividad para mantenerse ocupada en otra cosa, dejando el problema latente en un cuarto con la puerta cerrada. Ese problema evita que avancemos en la solución de ese problema porque no tomamos el tiempo, mejor dicho, no queremos tomar el tiempo para analizarlo a fin de encontrar una solución.

Frente a las incomodidades debemos actuar, cambiar patrones para conseguir sentirnos bien, es un infierno caer de forma cíclica en el mismo problema una y otra vez. Carcome tus emociones positivas y por lo regular te sumerge en la mentira, la apariencia de que todo está en perfecta armonía cuando por dentro la tristeza y la moralidad cubren la boca de "El Yo".

Solía frustrarme y desahogarme a través de las ofensas. Si alguien me levantaba la voz, lo hacía más fuerte, si me decía algún comentario negativo, utilizaba alguna palabra con un tono más fuerte, en los casos donde utilizaban algún punto sensible de mi vida, yo exageraba el punto débil del contrario. Ese fue por años mi método de defensa. Era arrogante, evitaba a toda costa que otros notaran mi dolor, a solas podía llorar, pero frente a los demás siempre mi cabeza estaba en alto con cero expresiones de sufrimiento.

Esto se convirtió en un hábito, y con mi rudeza incontrolable, perdí la sensibilidad en el acto, en otras palabras, me resultaba imposible saber cuándo estaba agrediendo a otras personas, total, ya era mi forma de comunicación, estaba normalizada la ofensa para mí.

La relación con mis hijos se vio afectada al igual que con mi pareja quien llegó a afirmar "hubiese sido mejor si hubieses nacido muda".

Poder detenerme me ayudó a entender las consecuencias de mis patrones, esas actitudes causaban destrozos emocionales con mi familia. Mis hijos evitaban conversar conmigo, porque solo les gritaba y ofendía. Viendo desde afuera mi actitud, sé que la utilizaba como mecanismo de defensa con muchas personas, pero con mis hijos esa no era mi intención. Solo en la pausa reflexiva identificamos esos detalles.

La mayor parte de las veces cuando estamos frustrados no obedece a una situación específica sino a la repetición de una acción con cierta periodicidad. Asimismo, tratar de cambiar a los demás desde nuestra opinión cerrada es un absurdo y mucho más en un mundo globalizado y cambiante como el actual, pero, nosotros podemos tomar acciones para cambiar nuestro entorno y con esos cambios la manera en que sentimos.

Para poder avanzar y solucionar un problema de cualquier índole, detente y reflexiona, pueden ser 5 minutos, una hora o lo que requiera, pero debes detenerte para evaluarlo desde diferentes puntos de vista, de esa forma aumentas tus probabilidades de poder solucionarlo o en su defecto aceptar que no tiene solución en cuyo caso debemos tomar alternativas.

Ejercicio No 2

1. Piensa en dos situaciones que te generan incomodidad y son una constante en tu vida y toma nota a continuación.

Situación 1

____

____

____

____

Situación 2

____

____

____

____

3. Toma nota sobre tu reacción ante esas situaciones (gritas, lloras, regañas a alguien, tal vez solo te refugias en tu habitación)

Situación 1

____

____

____

____

Situación 2

____

____

____

4. Piensa por un momento en ese patrón de conducta y considera que puedes hacer para sentirte bien con él, considera 3 posibles soluciones.

1ra Posibilidad

____

____

____

____

2da Posibilidad

____

____

____

3ra Posibilidad

____

____

____

Ahora que has escrito las posibilidades, piensa detenidamente cuál de ellos es la mejor opción para ambas partes de la situación e implementa el cambio.

Cuando modificamos patrones estamos hablando de cambios en la estructura de algo, pueden parecer tan sencillos como colgar las llaves detrás de la puerta porque a diario comienzas el día disgustado por reñir acerca del puesto de las llaves. Tu eres poderosa o poderoso y tienes el poder para hacer los ajustes respectivos, sin embargo, estoy consciente de que no todos los cambios son tan sencillos como el caso de las llaves y que caer en un callejón aparentemente sin salida también es una posibilidad por eso avancemos al siguiente capítulo.

CAPÍTULO III

El Estancamiento emocional

Una vez identificadas las situaciones puntuales que nos incomodan hemos avanzado un paso hacia la victoria, es momento de celebrar este pequeño logro. Al mismo tiempo, es época de aceptar con todo nuestro ser, donde nos encontramos actualmente. Debemos permitir que las emociones que se están sintiendo actualmente se manifiesten, para conseguir avanzar hacia la meta que queremos lograr. Recuerda que aceptar el hoy permite trabajar en el presente y hacer del mañana un mejor futuro.

Este es un territorio que representa un gran reto y la palabra clave en este capítulo es 'constancia'.

El estancamiento sigue siendo una nueva excusa para renunciar a la solución del problema por ver alguna complicación, un obstáculo al que hemos permitido tomar el control de la situación. Aquí llega una etapa de negación de admitir que se ha fallado, retrocediendo de nuevo al lugar original, el sitio de confort.

1. ¿Cómo reconocer el estancamiento emocional?

Aunque no existe un manual con el que todos coincidan, si hay ciertas causas comunes repetidas en la mayoría de los casos, estas son:

Seguir delegando la solución en un tercero. - Si ya somos más conscientes de nuestra vida, pero en la práctica continuamos pensando que todo depende de alguien más, estamos mal, no hay nada más falso. Eso es como esperar que la fortuna llegue caída del cielo. Hay que trabajar para conseguir las cosas, y los cambios se generan en ti e impactan en los demás no al revés. Olvídate del "pero como hago si es que él...", "no puedo conseguirlo porque ella" .... si su esposo es tomador, lo seguirá siendo el tema es que haces frente a ello, si su hijo es desordenado, lo seguirá siendo, como te sientes al respecto y tratas de ajustar las cosas depende de ti. Lo mismo pasa en el trabajo, con los amigos, vecinos, con todas las relaciones sociales, ellos seguirán siendo quienes son, tu reacción, ante sus acciones cambia, con eso rompes el patrón desde tu punto de vista.

Negación.- Cuando te desconectas y decides tal vez inconscientemente sustituir la emoción real con alguna artificial, terminamos por enmascarar las situaciones justificando todo con mentiras, te alejas por completo de la realidad y suceden cosas como "No entiendo porque aumento de peso si yo como saludable" cuando en realidad comes bien solo frente a tu familia pero te escapas y tomas tus meriendas en todo momento, no practicas ejercicio o el peor, ingieres dos o tres veces la cantidad de alimentos recomendados solo porque en la etiqueta reza "bajo en grasas".

El miedo a perder. - Un cambio emocional como su nombre lo indica, es la sustitución de una emoción por otra. Siendo un territorio que inexplorado, tienes miedo a lo desconocido, miedo a interactuar a sentir y dejar fluir ese nuevo sentimiento entonces prefieres en oportunidades quedarte en un ambiente controlado donde ya conoces la situación y aunque te quejas e incómodas, tienes la falsa ilusión de que algún día cambiará por sí sola la situación. Las frases comunes que expresan esta excusa suelen comenzar con el condicional "y si..." "y si no lo hago bien", "y si no me gusta", "y si lo hago y luego no sirve", "y si lo hago y después no les gusta", "y si no lo consigo", "y si no lo logró".

El menosprecio. - Creer que el sufrimiento y la pena forman parte de un plan perfecto pre-escrito. Nosotros labramos nuestro destino, son nuestras decisiones actos, movimientos e inacciones los que escriben nuestro futuro. Tu eres dueño de tu destino, levántate y ve a por ello. "es que me lo merezco, eso no es para personas como yo", "es que él trabaja yo solo atiendo la casa", "es que yo nunca he estudiado así que no soy digna más que de esto". Si no has trabajado y ese es el problema, consigue como hacerlo, en caso de ser los estudios, busque como aprender incluso autodidacta.... para todos esos problemas hay cuando menos una alternativa, despide las excusas, ya no son para ti.

Cuando estás en proceso de salida de la esclavitud emocional debes despedirte obligatoriamente de un estado en que te encuentras, eso implica una pérdida, si por supuesto, una pérdida de algo que hizo daño por mucho tiempo, pero pérdida, al fin y al cabo. Si necesitas llorar, vivir por un tiempo el duelo, vívelo, pero deja ir ese estado para que crees las condiciones de uno nuevo, las condiciones del cambio para bien porque no está llegando como paracaídas, en este punto estás utilizando las enseñanzas como un arma que juega a tu favor.

Cuando llegó esta etapa en mi vida, una parte de mi ser clamaba por hacer más mientras otra me decía en tu situación y bajo tus circunstancias, estamos hablando de un imposible. Veía a las demás personas y mi admiración pasaba a envidia algunas veces porque ellos estaban en el justo lugar en el que yo soñaba llegar. Me preguntaba ¿Por qué quiero hacer tantas cosas, pero no puedo hacerlas?

Era falso, si podía y puedo hacerlas, sin embargo, estaba permitiendo que el estancamiento por medio de diferentes excusas tomara el control impidiendo que yo avanzara.

Yo quería sentirme en paz, callar la voz que gritaba en mi interior, sentirme útil, que mis hijos me miraran con admiración, mientras vivía esa experiencia no encontraba las palabras correctas para describir mi cuadro emocional, una conjugación simple reinaba en mi mente "Quiero hacer".

2. Etapas del estancamiento emocional

Lo primero que debemos hacer es reconocer que estamos en medio de un estancamiento, acto seguido identificar en qué faceta del bloqueo te encuentras, a saber, **las etapas son**:

El estado de confort. - En este momento, aunque sabes que debes cerrar esta situación dañina, te resistes permaneciendo en ese mismo espacio semi-controlado. No eres feliz más, sin embargo, la tranquilidad lleva la delantera.

La frustración. - Etapa donde llegan las exigencias ya sabes a dónde quieres llegar, pero ni idea de la ruta para alcanzarlo o en su defecto, todo cuanto estudias alrededor parece imposible. Esta etapa puede ser intensa también por el alto grado que se desea alcanzar, por ejemplo, de no tener una casa, deseas que la primera sea una mansión en Beverly Hills, de no tener un carro quieres que el primero sea un Ferrari, y así terminas planteando unas metas irreales al punto que se quedan estancados por moverse en función al medio y no al fin. Por ejemplo, si quiero un auto, nunca he tenido ninguno y me quiero movilizar con mi familia cómodamente, cumplo con los requisitos del banco para comprar un modelo Corolla, si acepto esa opción, habré solucionado el problema que era "la movilización cómoda con mi familia", si por el contrario me niego a tomar el crédito porque vi en una revista el último Aston Martin y cuesta 5 veces el valor del Corolla y mi nivel del ingreso es insuficiente, yo decidí estancarme. No es un problema del banco por no darme el crédito de mis sueños, es mío. El problema original era la movilización en un auto no "la obtención del último modelo deportivo de Aston Martin".

La falta de reconocimiento personal como ente generador del problema. - Ver la vida desde un punto de vista sesgado e individualista donde yo soy el centro del mundo y los demás deben adaptarse a mí, es una etapa compleja. Implica un autoanálisis donde conecto la emoción, situación y los agentes externos reconociendo que el problema yace en mí.

La etapa final de la tolerancia. - Como seres humanos que somos, por muy tolerantes que seas hay un punto que sobrepasa tus límites, esa es la 'gota que derrama el vaso'. Hasta allí llega la aceptación pasiva del estancamiento en la esclavitud emocional. Para llegar a esta etapa es probable que pasen años, este es el resultado del cúmulo de pequeños eventos que han alimentado el problema y que un buen día, explota por cualquier motivo.

3. ¿Qué hacer frente al estancamiento?

Decídete a dejar ese estado nocivo atrás rompiendo la rutina, olvida los patrones. Sin importar cuán pequeños sean los cambios que hagas, hay que empezar hacerlos. Recuerdo una amiga que tenía una adicción, ella era compradora compulsiva. Ya era consciente de sus fallas y luego de varios sustos con el banco, entendía perfectamente las consecuencias de sus actos. Al preguntar por las razones que la llevaban a ese punto, ella decía que se sentía plena y libre cuando compraba, esa parecía ser la única actividad a su entender que le permitía conectar con esa emoción. Desde luego supongo era lo máximo en su vida.

Ella ya no tenía vida propia, Conversar con ella se había convertido en un deporte de alto riesgo puesto que implicaba entrar en una competencia poco sana sobre la cantidad de cosas que se había comprado y que decidía no lucirlas si sacarlas en cara como un símbolo de poder. Era evidente el empoderamiento que cualquier juguete nuevo, llámese cartera, zapatos, joyas o cualesquiera prendas nuevas en el armario le brindaba a mi amiga.

Con los años las amistades fueron desapareciendo hasta que un día casi llorando comentó ya basta, era suficiente de aquella fachada. Comenzó por disminuir la cantidad de productos que compraba, bailar zumba cuando sabía que tenía un "down" emocional, de a poco el tono de sus conversaciones cambió y una nueva mujer surgió

Salir del estancamiento implica el renacimiento como el ave fénix. Renaces fortalecida y experimentada por todo el proceso que atravesaste hasta la fecha. No puedo decir que sea un proceso práctico, rápido o sencillo, en realidad implica disciplina, convicción, una meta clara, amarte, respeto y valoración continua. Esta es una etapa en la cual continuó.

Lo poderoso de esta fase es que al descubrir un patrón solucionamos varias áreas de nuestra vida como efecto dominó. Te revelaré un secreto:

Uno utiliza los mismos patrones de conducta para todo en su vida. porque es su estilo y lo aplica en todas las áreas inconscientemente. ¿Te has fijado que llevas el mismo patrón de la cocina, al carro, a la reunión de la escuela, al gimnasio y hasta en pareja?

Te contaré mi caso yo disfruto la cocina, soy feliz preparando platos, curiosa, me encanta estudiar la última técnica, experimentar y conseguir algo novedoso. Cuando cocino necesito ver distribuidos los ingredientes en la mesa de trabajo de forma organizada, por un lado, las especies, otro las carnes. Cada cosa organizada, si alguien llega y mueve las cosas, me descontrola y probablemente mi humor cambie abruptamente, siento que pierdo el control.

Rara vez hago compras improvisadas en casa, semanalmente voy recogiendo la información de aquello que necesito para ir al mercado una vez y comprar todo lo que haga falta. Igualmente, con mi trabajo. Me aseguro de tener todo cuanto necesito en el mismo orden. Llegó en las mañanas, preparo mi área de trabajo, me aseguro de haber cumplido con todas las tareas o asignaciones pendientes para la semana, de aquellas que se puedan postergar, las anoto y sé que a semana siguiente tengo esos pendientes por procesar.

¿Notaste el patrón? En caso de tener un problema con ese patrón ¿Cuántas cosas crees que puedo solucionar rompiendo con él?'

No creas que soy la única persona que hace las cosas de este modo, te invito a conversar con tu yo interno y realizar la siguiente actividad:

Ejercicio No 3

1. Menciona tus 3 actividades favoritas

Actividad 1

____

Actividad 2

____

Actividad 3

____

2. Describe la forma como realizas estas actividades detalladamente.

Actividad 1

____

____

____

____

Actividad 2

____

____

____

____

Actividad 3

____

____

____

____

3. Lee con atención tu resultado y escoge una actividad. Con tu selección describe 2 alternativas de cambio que pudieran mejorar tu experiencia con esa actividad.

____

____

____

4. Toma una de las situaciones que seleccionaste en el Ejercicio No 2 y aplica la alternativa de cambio que seleccionaste en esta actividad.

CAPÍTULO IV

Reconociendo mis cualidades

Mientras se vive la esclavitud emocional, el pensamiento es pernicioso, una sombra acompaña al afectado dejando borroso el reflejo de nuestras virtudes, pero, todos tenemos cualidades naturales, eso no guarda relación directa con la educación del sistema educativo específico, región de nacimiento, esto tiene que ver con algo mucho más primitivo que a hemos tocado en los capítulos anteriores, se trata de la sobrevivencia.

Cualquier persona que podamos imaginar, por muy desagradable que aparente ser, desde el indigente más holgazán hasta el dirigente más engreído, el asesino más perverso, todos guardan alguna virtud. El problema es que estamos acostumbrados a escuchar sobre nuestros defectos y no sobre nuestras virtudes. Es por esta razón que solemos tomar decisiones en las cuales destacamos solo nuestros aspectos negativos como un círculo vicioso.

Muchos de nuestros padres crecieron escuchando constantemente sobre sus malos hábitos o comportamientos y solo en circunstancias excepcionales mencionaban sus virtudes. Bajo ese patrón fuimos educados y seguimos repitiendo la misma conducta con nuestros hijos. "tú no sirves para nada", "es que no sabes arreglar nada", "mira como ha quedado esto, que desastre, no sabes hacerlo", eso es habitual y se enfatiza. Pero los logros no se mencionan.

Ciertamente puede que no supiera lavar los platos, pero limpia muy bien y no lo mencionas. Tal vez en la casa no está colaborando como quisieras, pero es un alumno ejemplar. Puede que no sea el deportista que soñaste porque sus habilidades están sobre el papel y allí brilla. Incluso puede que no asistiera a la universidad que soñaste, en su vida el trabajo es prioridad, y tiene habilidad de destacar en su empleo. Es tiempo de empoderar las virtudes. Poder utilizar nuestros fracasos, debilidades, humillaciones, errores y afecciones tanto físicas como emocionales como fuente de enseñanza de vida, es la primera virtud a cosechar.

Algunos se quedan en el intento. "quiero salir de aquí" pero no me puedo. Levantarse de un fracaso sin siquiera extender las piernas. Salir de un matrimonio por amor propio, reconociendo que esa unión ya no funciona. Se necesita la misma valentía para casarse que para divorciarse, aunque la energía es diferente, ambos casos implican reconocimiento y aceptación. En ambos evalúas la situación y reconoces que lo mejor es el movimiento en la dirección que conscientemente en tu "aquí y ahora" aporta lo mejor para ti.

Como resultado de la pausa reflexiva, si te detallaste, seguramente has visto tus aspectos positivos y no tan positivos.

En mi caso convertí mi depresión en un atributo porque pude utilizar mi depresión como una historia de inspiración para otras mujeres. Era un aspecto negativo de mi vida y conseguí sacar de él lo mejor que pude.

En resumen, hubo 3 actividades que contribuyeron destacando mis atributos, ellas fueron:

a.- Involucrarse en actividades en la comunidad.

Esta es una actividad que permite conectar con las personas que te rodean, además siendo actividades de esparcimiento o extracurriculares, muestra otras facetas de tu comunidad. De alguna manera allí podrás sentir por medio de un proceso empático cuales son las características reales del sector incluso, conoces la identidad de la zona. Yo comencé a trabajar como maestra suplente, los niños realmente apreciaban mucho mi labor visto que tenía alta demanda mi clase a pesar de no ser una profesora graduada. Asimismo, pude conocer a sus padres e ir involucrándome en otro tipo de actividades a raíz de las clases.

Adicionalmente trabajé como voluntaria en una iglesia a la que yo asistía con una amiga. Un día invertí US $10 en un libro de Guillermo Maldonado titulado "Cómo ser libre de la Depresión". Fue la mejor inversión que pude hacer en mí. Comencé a enseñar acerca de la depresión a todas las mujeres hispanas que pasaban por el "Healing Center" de esa iglesia. Cada vez que ayudaba a otras mujeres yo estaba sanando, era un descubrimiento personal. Con el tiempo la voz se fue propagando y algunos hombres se incorporaron a los talleres de sanación conmigo. Eran 30 minutos en los que mi amiga y yo conversábamos con los grupos. Yo era la oradora mientras mi amiga tomaba nota de los detalles. Al final ya tenía grupos familiares, mujeres, hombres y niños asistían en conjunto en busca de ayuda.

Fue entonces cuando entendí que en mi comunidad las carencias emocionales representaban un problema común del que pocos hablan. Yo me quejaba en sola en casa, pero no era la única y con ese cambio de patrón estaba desarrollando la sensibilidad por ayudar.

Quise expandir mi participación. Busque otras áreas donde también podría ser útil y me iba junto a mis hijos dirigidos al área de caridad de la iglesia donde proveían de ropa, comida, servicios legales entre otros y allí serví como traductora para las familias hispanas, fue de esa manera como mi colaboración y la de mi familia se incrementó en la comunidad.

Recibí una propuesta para ser intérprete en algunas escuelas. La barrera del idioma continuaba impidiendo que algunos maestros se comunicaran correctamente con los padres de los estudiantes y yo servía como intermediaria.

Con el paso del tiempo comprendí que resultaba más gratificante dejar de quejarme y actuar en consecuencia hacia la solución de los problemas. Fueron años entre las transiciones fortaleciendo mis emociones, autoestimándome.

Involucrarme con la comunidad me dejó ver más allá de mis problemas. Fue mi motivación para despedirme del rol como víctima. El proceso sigue su curso. Hoy en día continúo colaborando. Uno de mis lemas favoritos es "Siempre hay más espacio para aprender". Mantener la mente abierta dispuesta a recibir más conocimientos te mantiene alerta y aleja esos pensamientos nocivos de queja.

b.- Atender a las críticas.

En mi caso, comencé a tomar en serio las críticas positivas. Para agregar mayor peso a esas cualidades, aceptaba el cumplido mirando fijamente a quien dejaba caer esos simpáticos halagos. En cuanto al caso de las negativas, reflexionaba en los motivos que llevaban a esas personas a ver ese aspecto en mi como algo negativo.

Es fácil para muchas personas opinar sobre tu vida, pero muy difícil tomarse el tiempo para dedicarte el tiempo que necesitas para solucionar justo esa situación que tanto señalan.

Por eso desarrollé una técnica personal para atender a las críticas y quisiera compartirlo contigo.

Un día me dibuje un círculo grande. Pensé en las personas a mi alrededor y comencé a dibujar:

Círculo de las críticas

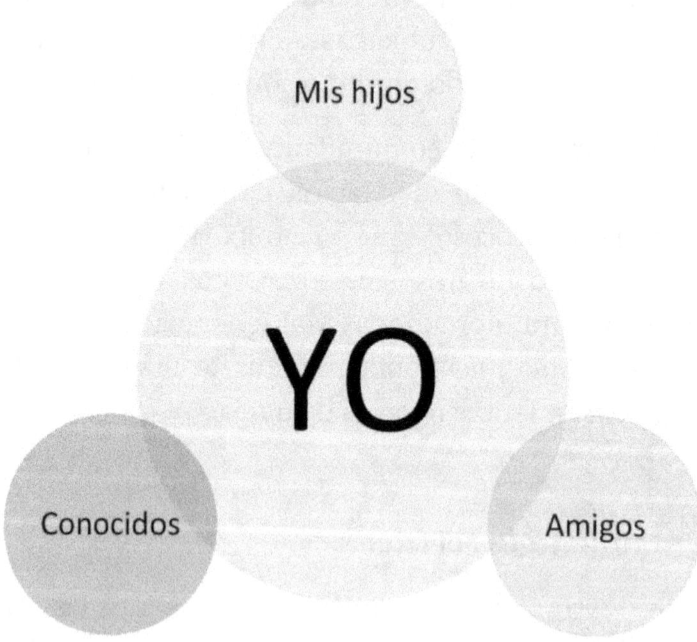

El 1er círculo: Me representa, siendo la persona más importante en mi vida, estoy en el medio de mi vida brillando y atendiendo al entorno.

El 2do círculo: Representa a mis hijos. Para mí la opinión de mis hijos es primordial, al final mi propósito de alguna forma era mostrarles a mis hijos con acciones que las situaciones de la vida no nos definen. Que nosotros como seres humanos tenemos la capacidad y todas las herramientas necesarias para tomar las riendas de nuestra vida convirtiendo el caos en una gran victoria.

El 3er círculo: Es el círculo de los amigos, allí englobe todas las personas que influían en mi vida. Me tomó años delimitar quienes entraban allí. Reconocer a las personas que de verdad intervienen en mi vida directa o indirectamente. Fue muy importante, debía ser cautelosa para definir a quienes tienen aportes constructivos en mi vida.

Para conseguir anotar los nombres pertenecientes a este círculo debes tener claro que son personas con aportes, esas que en otras palabras "te enseñan a pescar y no a comprar el pescado directamente" o en el peor de los casos aquellos que te señalan por "no saber pescar". Ellos no te controlan, te presentan las dos caras de la moneda siendo tu libre en tomar una decisión. Ellos ofrecen herramientas, te recuerdan lo mejor de ti, en algunos casos te llamarán la atención cuando sea necesario. Están velando por tu bienestar.

Sé que suena "Egoista" y tal vez un poco egoísta este aspecto, pero recuerda que estamos reconstruyendo tus emociones, como parte del proceso para lograr tú autosuficiencia.

Las personas de este círculo te presionan para obtener lo mejor de ti misma, en algún momento es posible que las llegues a detestar solo por ser los únicos capaces de confrontarte contigo misma. Esta no es una competencia con alguien externo, tu carrera es frente a ti con tus estándares, virtudes y defectos.

Recuerda que un amigo puede ser tu mamá, tu vecina, el pastor de la iglesia y hasta el señor de la panadería, basta con que te conozca, quiera lo mejor para ti, te ayude a trabajar por tu bienestar y te ayude a explotar tu máximo potencial.

El 4to Círculo: Aquí quedaron todas las personas que tenían una opinión negativa, sarcástica, burlona etc. Estas personas es bueno tenerla en este círculo porque te mantienen alerta. Entiendes la lectura que están dando a tus acciones. A ellos se les 'oye' pero no se les 'escucha'. En otras palabras, sus críticas no recibirán la atención que ellos esperan porque eres consciente que no velan por tu bienestar, al contrario, su misión parece ser destructiva contigo. Miré donde estaban esa persona posicionadas en mi vida y pude percatarme que en el fondo esas palabras no estaban dirigidas hacia mí, eran para ellos mismos.

Es innegable que al principio me dolía saber que personas que yo estimaba formaban parte de este círculo. En algún momento su aprobación para mí era vital.

Hoy puedo decir que gracias a mi amor propio aprendí a respetarlos, pero les resté todo el poder que tuvieron y ya su opinión no influye sobre mí.

En otras palabras, así como no aceptas críticas negativas provenientes de determinado grupo, de igual manera colgué el letrero que dice "no pase, solo personal autorizado".

c.- *Explorar en tus hobbies.*

Todos tenemos algún tipo de preferencia, gusto o hobby por alguna actividad que nos reconforta porque la disfrutamos por placer. Puede ser algo tan sencillo como jugar en la computadora, practicar algún ejercicio, la lectura, disfrutar de una película, etc. Todo depende de ti. Hoy que conseguimos tutoriales a la orden del día y gratis por internet, no existe excusa para innovar con nuestros gustos. Me encanta el café y adoro leer y escribir al igual que cocinar junto a mis hijos.

Ellos me regalaron una cafetera sofisticada con gran variedad de funciones para hacer los cafés al mejor estilo de los baristas y honestamente amé mi regalo. Sin embargo, el uso ha sido todo un reto porque estaba acostumbrada a la cafetera regular. Con esta cafetera puedo hacer desde un café americano hasta un "coconut cream latte".

Cada vez que tenemos una reunión en casa con mis amigas, seguro pasamos un rato conversando y haciendo de la cafetera y sus maravillas parte de nuestra actividad del día.

Cuando hacemos una nueva actividad, agregamos conocimiento y las neuronas trabajan, deben activarse, eso se replica y oxigenas la mente. Celebra cada logro por pequeño que parezca, es uno más en tu cuenta, disfruta del camino a la felicidad. Empodérate.

Vamos a continuar con un nuestro ejercicio del capítulo.

Ejercicio No 4

1. Escribe 5 atributos o cualidades que otras personas destacan de ti. Ejemplo: Mis vecinas aprecian mi forma de comunicación con los niños, por eso me suelen pedir consejos

____

____

____

____

____

2. Describe algunas alternativas para desarrollar tus atributos. Siguiendo el ejemplo: como estoy trabajando con niños, constantemente leo información sobre el tema para mejorar mis habilidades

____

____

____

____

3. Toma nota de 5 formas para celebrar tus logros que no incluyan una fiesta.

____

____

____

____

Cada vez que consigas lograr mejorar tus atributos recuerda éstos métodos, celebra tus victorias y continúa explorando.

"No te rindas, por favor no cedas,

Aunque el frío queme,

Aunque el miedo muerda,

Aunque el sol se esconda,

Y se calle el viento,

Aún hay fuego en tu alma

Aún hay vida en tus sueños."

Mario Benefetti

CAPÍTULO V

¿Cómo lograr la libertad financiera?

De acuerdo con Robert Kiyosaki y Camilo Cruz, se define la libertad financiera como la capacidad de poder dejar de trabajar y seguir generando ingresos sin la presencia física de la persona, y poder obtener libertad de tiempo, libertad de movimiento, y libertad de decisión. básicamente se consigue cuando tus ingresos pasivos (son ingresos que no dependen de tu trabajo) son superiores a tus gastos. Dicho de otra manera: ¿Cuánto tiempo podrías vivir si dejaras de trabajar?

Otra definición es tener acceso a los recursos financieros utilizando tus habilidades y atributos para generar un beneficio económico sustentable y suficiente.

Anteriormente la única forma de obtener dinero para una persona clase media normal de cualquier país era atendiendo a las largas jornadas de trabajo en una oficina, tienda, etc. Con la globalización, esos conceptos tradicionales se han ampliado. Cada día gana más adeptos el trabajo desde casa vía internet, los emprendedores y agentes freelance que ganan su dinero con un modelo de negocio distinto.

En el caso de los trabajadores freelance, su modelo es por proyecto. definen un tiempo forma y estructura requerida por el cliente, estipulan tiempo, recursos y valor por su trabajo, lo realizan y al terminar ese proyecto, terminar ese proyecto se asemeja a la finalización de un contrato determinado. Están listos para la siguiente aventura.

En el caso de los emprendedores, están trabajando en el desarrollo de nuevos productos o servicios atendiendo al llamado de una comunidad específica o mercado pujante en un área en la cual son especialistas.

Por otro lado, se encuentran los Coach, de todo tipo. Al igual que los emprendedores, son especialistas en un área, pero en lugar de desarrollar productos, contribuyen al desarrollo y fortalecimiento de su especialidad en un público determinado, es por ello que vemos los coach de ejercicios que imparten clases online, también los hay nutricionales, los especialistas en artes, diseño de sistemas computarizados, llegan hasta áreas como los videojuegos, coach los hay de todos gustos y colores.

La clave en este episodio es desligarse de la forma cotidiana para ganar dinero. La intención en todo momento es conseguir liberarse de la esclavitud rutinaria de la oficina.

1. Primeros pasos para lograr la libertad financiera

Especialmente cuando no se cuenta con una carrera académica y aquellas amas de casa afanadas, zarpar en este barco, suena a deporte de alto riesgo y ciertamente lo es, no obstante ¿qué podrías perder? Y lo más importante ¿Cuánto podrías ganar?

Tomando en consideración que todos tenemos al menos un talento (hemos enumerado cinco en el capítulo anterior), el primer paso para lograr la libertad financiera es el aprovechamiento de tu talento.

Si sabes que tu habilidad es la cocina, explota el arte culinaria, o mismo si eres muy buena con los animales, tal vez con el cuidado del cabello, como entrenador personal, idiomas…. el área que fuere, saca provecho en tu beneficio.

Identificada el área que deseas trabajar de acuerdo a tus habilidades, aprende más información al respecto, toma cursos, lee, pregunta, investiga se curioso hasta fortalece tus bases hasta lograr ser un especialista sólido.

Una vez listo, podemos avanzar al siguiente paso que es la monetización de tu habilidad. En esta etapa aprendes sobre las vías disponibles para exhibir tu talento colocándolo al servicio o atención del mercado.

En mi caso, seguí el consejo de mis amigas, ellas a menudo me recuerdan el poder de mi palabra, la manera como se sienten empoderadas al escucharme y me dispuse a iniciar un pequeño ciclo de conversatorios y la receptividad fue asombrosa. Esa era la respuesta que yo soñaba. Encontré mi voz entre diversos versados en la materia y conecté con el público.

Me resultó natural porque una vez yo necesité de algún conferencista y estuve sentada como parte de la audiencia.

Aprendido el proceso hoy en día soy contratada por iglesias, ONGs, empresas especialistas en trabajos con mujeres. Mi trabajo quedó abierto para todo aquel que tenga necesidad de conferencistas especializados en el crecimiento personal.

Una vez identificado ese talento, las cosas se fueron alineando. Ahora gracias a los entrenamientos de Guerreras sin límites, pertenezco a grupo de liderazgo élite y nos estamos expandiendo de Cincinnati llegaremos este año hasta Michigan.

Gracias al dinero recibido por mi trabajo, las cosas en casa mejoraron rotundamente.

Por otra parte, conseguí un aspecto primordial, mi hija ahora ve en mi un ejemplo a seguir. Su mirada y actitud se mueven en onda positiva conmigo. Me aporta y enriquece cada día, así pues, parte de la información que manejo en las conferencias, es resultado de un trabajo en equipo madre hija.

Mi siguiente proyecto es ayudar a las mujeres que han sufrido de maltrato de cualquier índole.

Son tres pasos súper importantes:

A. Descubrir tu talento

B. Desarrollar y especializarse en el área.

C. Monetizar ese desarrollo.

Estos son pasos aplicables con cualquier talento. Inclusive puedes sacar mayor provecho cuando mezclas tus virtudes.

Saber cómo expresarme, como conectar con las personas hace sencilla mi labor como vendedora, de hecho, no debo presentarme como tal sino como ejecutiva de negocios puesto que en ello me he convertido.

2. Sentirse merecedor de la libertad financiera

Recién trabajando en la salida de la esclavitud emocional, estamos susceptibles y los fantasmas de la inseguridad siguen haciendo sombra recordando el tema de la meritocracia. Muchas veces juegan en contra repitiendo en tu cabeza que no eres merecedor de ciertas alegrías como la proporcionada por la libertad financiera.

Cuando llegó mi divorcio no tenía idea de nada acerca de las finanzas. Siempre fui dependiente de mi ahora ex esposo y la ansiedad se presentó cuando me vi en la obligación de responder a las responsabilidades del hogar.

Me sentía incapaz de lograrlo, como una hormiga en un mundo de gigantes. En mi mente imaginarme administrando el hogar me resultaba extraño y casi sin sentido, la frustración llegó sin haber movido un dedo, todo producto de mi imaginación. Había fracasado sin haberlo intentado.

Fue un trabajo de ensayo y error para mi hija y para mí. Había pasado de tenerlo todo y vivir despreocupada financieramente a tener que evaluar qué gustos era posible disfrutar en el mes. De tener todos los servicios de cable, a decidir por uno solo. De hacer el mercado mirando solo las marcas a detenerme en calidad y precio. De pasar la tarjeta en las tiendas de forma despreocupada a tener que llevar las cuentas para saber el saldo disponible. Pas de tenerlo todo a tener muy poco o nada.

Cuando comencé a ver que podía cubrir ciertos costos en casa, el ánimo regresó a mi cuerpo. La fuerza me movilizo expandiendo mis horizontes. Mis metas fueron en crescendo hasta que un día me liberé financieramente. Era capaz de cubrir todo en casa.

Ese fue un período de aprendizaje constante. Agradezco la dicha de tener a mi hija y su comprensión de la situación. Sin embargo, me habría encantado haberme librado de enseñarle en medio de la necesidad, es por ello que quiero compartir algunas recomendaciones a tomar en cuenta en casa, son algunos tips que pueden ser aplicados antes y durante el proceso de liberación financiera.

a.- *Maneja la mayoría de tus gastos con efectivo.* -

No quiero decir que andes por la vida con cientos de dólares en la cartera, sino que trates de cancelar la mayor parte de tus deudas con dinero disponible en tu cuenta bancaria o en tu cartera misma. De esa manera evitas las deudas gastando de acuerdo a tus ingresos.

b.- *La tarjeta de crédito solo para gastos extraordinarios.* -

Recuerda la última palabra de ese título "crédito", quiere decir que solo estás prolongando el plazo de pago, pero igual lo debes hacer en algún momento y con intereses.

c. *Controla los gastos.* -

Toma nota de los gastos en casa desde las golosinas hasta el servicio de electricidad, anota todo al menos por un mes y verifica la forma como estas distribuyendo tu dinero, de esa forma estarás segura de estar gastando de forma inteligente.

d. Desarrolla actividades rentables adicionales. -

Estas utilizando al menos un talento para lograr la liberación financiera, esa es una victoria. Ahora que lo has conseguido, continúa tu camino de exploración y verifica en que otras áreas eres capaz de generar dinero adicional monetizando otros atributos. El límite yace en tu mente, si eliminas esa barrera, serás capaz de percibir dinero de diferentes fuentes mientras disfrutas del proceso.

e. Planifica las finanzas. -

Al hacer tu estudio financiero en el hogar, analiza cuánto tiempo pudieras mantenerte sin trabajo, cuanto puedes ahorrar, en qué gastos es posible hacer una disminución racional, que ingresos puedes potenciar para incrementarlos. Piensa en el peor escenario y que alternativas tienes para solventarlo. Crea un plan de emergencia de al menos 3 meses, mantén ese dinero ahorrado, si estas preparada para eso, estás preparada para cualquier vicisitud en casa.

Por último, Identificar que estaba totalmente desconectada de mi situación financiera y teniendo claro el problema, descubrí la falta de educación financiera que tenía. Saber exactamente el costo de mantenimiento en el hogar me retuvo en una relación afectiva que hace mucho había dejado de ser amorosa para convertirse en una atadura por conveniencia. Sin importar tu situación emocional, involúcrate en la salud económica de tu hogar incluso cuando no seas proveedor de ingresos. Tu puedes aportar ideas junto al resto de los integrantes en casa y así controlar este aspecto por el bienestar de todos.

Ejercicio No 5

1. En el siguiente cuadro tomarás nota de los egresos de casa semanal, recoge toda información, desde una caja de caramelos hasta los servicios. Al final de mes, suma todas las columnas para conocer dónde está gastando la familia dinero.

Semana 1

Descripción	Día 1	Día 2	Día 3	Día 4	Día 5	Día 6	Día 7	Total por rubro
Mercado								
Servicios Electricidad, gas, agua								
Comunicaciones								
Servicios de Cable								
Comidas fuera de casa								
Ocio								
Ropa								
Gasolina								
Transporte								

Semana 2

Descripción	Día 8	Día 9	Día 10	Día 11	Día 12	Día 13	Día 14	Total por rubro
Mercado								
Servicios Electricidad, gas, agua								
Comunicaciones								
Servicios de Cable								
Comidas fuera de casa								
Ocio								
Ropa								
Gasolina								
Transporte								

Semana 3

Descripción	Día 15	Día 16	Día 17	Día 18	Día 19	Día 20	Día 21	Total por rubro
Mercado								
Servicios Electricidad, gas, agua								
Comunicaciones								
Servicios de Cable								
Comidas fuera de casa								
Ocio								
Ropa								
Gasolina								
Transporte								

Semana 4

Descripción	Día 22	Día 23	Día 24	Día 25	Día 26	Día 27	Día 28	Día 29	Día 30	Día 31	Total por rubro
Mercado											
Servicios Electricidad, gas, agua											
Comunicaciones											
Servicios de Cable											
Comidas fuera de casa											
Ocio											
Ropa											
Gasolina											
Transporte											

2. Vamos a generar un plan de acción. Toma los 3 gastos más elevados y piensa en dos alternativas para reducir esos costos

Gasto 1, Alternativa 1

____

Gasto 1, Alternativa 2

____

Gasto 2, Alternativa 1

____

Gasto 2, Alternativa 1

____

Gasto 2, Alternativa 2

____

Gasto 3, Alternativa 1

____

Gasto 3, Alternativa 2

____

Descripción	Ingreso
Salario	
Honorarios profesionales	
Emprendimientos	
Servicios	
Total	

4. Finalmente compara tu cuadro de ingresos respecto al de egresos mensuales, en función a los tips sugeridos, toma nota de tu plan de acción para mejorar la economía familiar

____

____

____

____

CAPÍTULO VI

Invirtiendo en mi libertad

Cuando se habla de libertad en este capítulo abarco todas las áreas, a saber, libertad emocional, espiritual, física y financiera.

Hasta el momento hemos identificado patrones, trabajamos en el rompimiento de esas cadenas nocivas, pasamos por el período de estancamiento e hicimos nuestra parada reflexiva para ver el panorama amplio. Ahora es tiempo de hacer frente a nuestra libertad. Para conseguirlo hacemos una inversión en ella, pero ¿a qué se refiere esto? ¿nuestra libertad tiene precio?, sí lo tiene.

Y pueden decir que he perdido los estribos, pero antes permítame explicar. Cuando hablamos de pagar por ello no me refiero al tajante hecho de pagar con dinero, me refiero a que existe una serie de recursos movilizadores que concatenados permiten que alcance la libertad. Por ejemplo, en el caso de la libertad emocional, como hemos visto sacrificamos un estado nocivo, curamos el espacio y damos la bienvenida a una nueva emoción sana que nos sitúa en el aquí y el ahora. ¿ves que debes pagar por ello?

Así como el caso emocional podemos mencionar por ejemplo que en el aspecto físico invertimos en una dieta ajustada a nosotros, hacemos ejercicios, o simplemente mantenemos nuestra rutina actual, en la que ya hemos invertido ¿Te fijas que siguen tus inversiones?

Ahora recordemos que en este libro perseguimos nuestra identidad, por consiguiente, luego de la reflexión profunda que llevamos hasta el momento, algunas piezas en este rompecabezas deben moverse para armarlo y dejar la dependencia de una circunstancia.

En el camino a la identidad descubrimos las circunstancias o coyunturas que nos mantienen atadas esclavizando nuestra vida ante un ente externo a través de una emoción.

No obstante, no somos ni una emoción, coyuntura y mucho menos una circunstancia. Las emociones contemplan un tiempo de duración, de hecho, forma parte de sus características, ellas rotan y de esa forma nos mantenemos vivos. Cuando se fijan, estamos apegados a ellas como mecanismo de defensa personal

La libertad llega cuando nos permitimos aceptar esa emoción y la despedimos. Sería falso mencionar que tu mentalidad cambia por arte de magia. Imagina lo irreal que significa decirte "debes odiar a ese hombre, olvídate de él", cuando tal vez tienes un hijo con él, pasaste años a su lado, hubo momentos buenos y algunos no tan buenos, pero todos tienen su espacio en tu memoria bien sea consciente o inconsciente, ellos yacen en tu mente.

Una realidad por el contrario es decirte que está bien aceptar que quisiste a tu ex pareja tal y como era, pero su relación juntos llegó a su fin, ahora los une su descendencia.

En este segundo caso aceptas la emoción que viviste y le otorgas su espacio correcto en el pasado para poder vivir el presente. Eso forma parte de la inversión que realizas en tu nueva etapa, eso forma parte de la inversión en tu libertad.

1. Decidir invertir en tu libertad

Cuando concienticé en mi búsqueda de libertad, entendí que debía encontrar ayuda y esta se manifiesta de diversas maneras. Mi primer recuerdo fue buscar ayuda en el aspecto espiritual. Siendo esa mi fortaleza, desintoxicarme de la religiosidad tóxica era vital y para ello requería de ayuda externa.

Como vimos en el capítulo anterior, buscar entre los círculos es una herramienta útil. Hallar quien era la persona adecuada para colaborar conmigo en ese momento tenía prioridad uno.

Una vez encontrada mi aliada del proceso, las cosas tomaron su curso. Aprendí sobre el valor, mi valor personal. Alguien me dijo unas palabras que atesoro "valemos tanto que no tenemos precio", es cierto, todo a nuestro alrededor tiene un precio, pero las personas no debemos tenerlo.

Eso impactó positivamente en mi vida. Adquirí nuevas herramientas, rompí con patrones viejos y mi falta de amor propio se transformó en amor incondicional hacia mi misma.

Todo esto lo logré invirtiendo en mí, apostando por mí. La ayuda llega de forma diferente para cada cual, puede que el solo hecho de escuchar, asistiendo a una conferencia, un amigo de confianza que oportunamente acompaña tu situación, incluso un perfecto desconocido que justo por su condición carece de vicios y puede ver el problema desde una perspectiva más objetiva. Yo busqué en mi círculo y allí conseguí a la mujer que anteriormente ya he referido que tendió su mano generosamente y me ayudó a salir de esa esclavitud.

Estaré eternamente agradecida con Sonia. Ella fue la primera en decirme estás en un túnel, pero hay salida para él, te invito a estudiar algunas posibilidades y luego decide por aquella que se ajuste mejor a ti. De allí en adelante mi búsqueda por la identidad ha sido incansable. Nutrirme de conocimiento se volvió en mi afición favorita. En ese entonces leía muchos libros de Joyce Meyers como "Battlefield of the Mind", "Healing the soul of a woman" Y muchos más de diferentes autores.

Asistí a distintas conferencias, cursos y simposios donde comparto con personas que tienen un interés común conmigo y de esa forma he conseguido avanzar de la mejor forma posible en mi meta, conseguir mi libertad plena.

2. Aplicar las herramientas aprendidas

La inversión en nuestra libertad pasa de la teoría a la práctica. Entiendo que escuchar palabras de aliento unas cuantas horas es reconfortante para el espíritu, emocionalmente satisfactorio, pero no se debe quedar solo en palabras gratas, hay que enfrentar la realidad y tomar acciones. En esta etapa la mayor inversión realizada es en tiempo. Pueden pasar años en la aplicación de herramientas, en efecto cuando hacemos un cambio es decir eliminamos algo para recibir otra cosa, si queremos que sea sustentable, pasarán años arraigándose en nosotros, así como nuestro entorno.

Piensa por un momento en el niño y su proceso de aprender a leer, repites miles de veces a su lado las frases, sus profesores familiares y conocidos que interactúan con él siguen el patrón hasta que un día aprende. Para conseguirlo debiste hacer una inversión de tiempo, dinero, esfuerzo físico y mental. Sabias como madre a que se refería cuando balbuceaba señalando el biberón, pero repetías la palabra correctamente a fin que la aprendiera y se fijara en su memoria al tiempo que tu voz instintiva de madre te decía "ya sabes lo que quiere, solo dáselo" ¿Ves todo el proceso que confiere hacer un cambio, adoptar una nueva conducta o fijar un nuevo patrón?, es lo mismo con los adultos, repites 100 veces yo puedo a pesar que has tenido grandes fracasos, pero persistes para conseguirlo. Es por ti, no me cansaré de repetir "eres la persona más importante en tu vida", guardo esperanza en que al finalizar el libro ese patrón quede grabado en tu memoria.

3. Visualiza adonde quieres llegar

De acuerdo con la RAE[4], la libertad se define como: "la facultad que tiene el hombre de obrar de una manera u otra y de no obrar por lo que es responsable de sus actos.". la clave en esa definición se encuentra en sus últimas 5 palabras "es responsable de sus actos", y nadie más que tú sabes a dónde quieres llegar. Tu concepto de libertad es único. Tal vez libertad para ti signifique poder ayudar otras personas cuando y como quieras; despertar cada mañana sin preocupaciones económicas porque todo marcha sobre ruedas, saberte plena porque recorres el mundo a tu antojo;

____

[4] Real Academia Española

pintar una obra de arte o quizás sentarte frente a tu portátil y conectar con otras personas vía internet.

La única condición que se repite es que la libertad conlleva la responsabilidad de ser dueño de nuestros actos, por consiguiente, nuestros actos deben guiarnos hacia algún lugar en específico. Ese proceso de organizar tus actos en función a tus metas, lo puedes llamar como la planificación a tu destino y ocurrirá si lo visualizas y trabajas en función a él.

Ejercicio No 6

1. Visualiza tu libertad y describe lo que significa para ti. Ejemplo: La libertad para mí es saber que cada 3 meses puedo tomar tiempo libre viajar y compartir en medio de otra cultura.

____

____

____

____

2. Atendiendo a tu concepto de libertad visualiza que herramientas necesitas para lograrla. Ejemplo: Siguiendo con el mismo concepto, requiero aprender otro idioma para facilitar mi comunicación en esos países que voy a visitar, planificar en función a las mejores épocas para viajar frente a la disponibilidad que permiten mis obligaciones, comprar la guía práctica de viajes de XX autor, necesito ahorrar XX dinero que corresponde a los gastos estimados en ese sitio.

____

____

____

____

3. Con tu planificación lista consigue hacer un plan de acción para conseguir tu libertad. Ejemplo: participar en el curso de francés que dicta la embajada de Francia en mi país que cuesta XX. Comprar y leer la guía práctica de viajes de XX autor; Reducir mis gastos en ocio aquí para tener ese dinero disponible en mi viaje.

____

____

____

____

Tu libertad debe ser algo que puedas medir, conociendo tu plan de acción y objetivo claro, revisa con cierta periodicidad, puede ser mensual, trimestral o el período de tiempo que consideres prudente, mide tus avances, analiza cuánto te has movido y celebra tus avances, en caso de estar estancada, revisa que sucede con tu proceso, revisa, toma los correctivos necesarios, pero consigue llegar a tu meta. Persevera hasta llegar a tu meta.

John Davison Rockefeller, el fundador de Stamford Oil quien por cierto fue rechazado cientos de veces en su idea de negocio para luego convertirse en uno de los hombres más adinerados de la historia moderna dijo *"No creo que haya otra cualidad tan esencial para el éxito de cualquier tipo como la cualidad de la persistencia. Supera a casi cualquier cosa"*.

CAPÍTULO VII

Capacitando mi potencial

1. Buscar grupos de apoyo y/o mentores capacitados

Estas personas cuentan con experiencia en la clase de esclavitud que estamos viviendo o están capacitados previamente en el manejo de ese tipo de problemas por lo tanto pueden ayudar en el proceso de solución al mismo. Ellos pueden acompañar como coach conectando con nuestra circunstancia identificando, que ocurre, el hecho *per se* y la ruta a vencer los obstáculos.

Supongamos que se trata de una persona que está recién despertando en el descubrimiento de su identidad. He descubierto mis talentos y habilidades, he visualizado adonde quiero llegar, he visualizado mi destino, ¿cómo debería seguir mi proceso de transformación? ¿existen reglas para la toma de decisiones en las capacitaciones a tomar? ¿hay reglas por seguir para decantarme por una u otra herramienta?

No hay un manual a seguir para conseguir explorar al máximo nuestro potencial, dependerá de cada persona el orden a elegir.

En el capítulo III mencioné el ejemplo de los patrones personalizados, ellos siguen un orden que funciona para ti es un concepto individual. El orden en el que consigues las herramientas no sigue un manual universal, sino uno personal.

Comúnmente lo ideal es leer acerca de experiencias en otras personas, tomar las ideas que se adaptan a nosotros y a partir de entonces seguir recomendaciones, siempre conscientes que debe ser una adaptación y no una copia de conducta. Ejemplo: Me habían recomendado asistir a un psicólogo, leer cierta bibliografía y practicar un deporte nuevo que ayudara a liberar mi tensión.

Para resolver mi situación ciertamente requerí la ayuda del psicólogo, leí parte de la bibliografía, pero en lugar de hacer un deporte nuevo, decidí seguir caminando debido a que esa actividad despierta en mi buena energía a diario. Adicionalmente al psicólogo agregue la visita a un coach que me guió entre un grupo de apoyo. De alguna forma conectar con todos ellos me ayudó a salir del pozo en que me encontraba. Eso no quiere decir que el plan inicial estaba mal, requería ajustes, el proceso de masterizado para conectarlo conmigo.

2. Encontrar el lugar de ayuda correcto

Los centros de ayuda y capacitación a la mujer cada vez se extienden más en Estados Unidos. Ellos ofrecen programas de ayuda en su mayoría gratis mientras otros por sumas razonables.

Otra alternativa son los cursos online. La cantidad de información que se maneja en internet es infinita. Leer y comparar diferentes experiencias resulta enriquecedor y la red es útil en ese aspecto.

Chequear información acerca de conferencias de reconocidos mentores a los que puedas asistir. En esos encuentros, las herramientas conseguidas van más allá del certificado de asistencia. Son grupos de personas conectadas por un motivo común. Son personas como tú y yo que también han buscado información en diversos sitios y pueden compartir parte de su investigación.

Tengo un listado de las capacitaciones que considero esenciales para llevar el potencial a su máxima expresión:

Inteligencia emocional. - Aprendiendo a conocer las emociones, a sentirlas, vivirlas y trabajar con ellas.

Relaciones humanas. - Como como conocer mi personalidad, leer las demás personas, aprender hacer rapport, conectar y coexistir con mi entorno. Los cursos de Programación Neurolingüística son bastante útiles en este aspecto.

Ventas. - A pesar que se relacione sólo con negocios de algo material, el concepto ha evolucionado enseñando que actualmente se trata del acto de la influencia en el otro. Sin importar la carrera o el campo de trabajo, aprender a vender una idea, producto, nosotros como producto o nuestra habilidad, es vital hoy día.

Marketing. - De la mano con el concepto anterior, mercadear nuestro producto, es una herramienta poderosa. Conociendo la forma correcta de llevarlo a cabo, permite conectar con nuestros clientes potenciales de forma orgánica.

Oratoria. - Los cursos de oratoria permiten transmitir nuestros mensajes de la mejor forma posible disminuyendo los miedos y aumentando la confianza personal. El habla es básica y no se trata únicamente de conocer un idioma sino de saber cómo utilizar las palabras adecuadamente. El poder de la oratoria impacta desde la primera interacción con otras personas pudiendo ser tan poderoso hasta llegar al punto del convencimiento de alguien con solo expresar nuestras ideas correctamente. Como seres humanos en continua interacción, la comunicación es esencial en nuestra relación con el mundo.

Ejercicio No 7

1. Las capacidades a desarrollar para lograr llevar al máximo nuestras habilidades dependen de las destrezas que se desee explotar. El listado mostrado en este capítulo corresponde a una lista esencial y aplicable a todas las carreras. Tomando en cuenta esos ejemplos elabora tu lista personal de habilidades complementarias.

91

CAPÍTULO VIII

¿Cómo lograr salir de la esclavitud emocional?

La primera cosa es prepararte para levantarte porque te equivocarás muchas veces. Es normal, forma parte del aprendizaje y de los casos de éxito. Logras salir de la esclavitud emocional atreviéndote, tomando riesgos.

Aunque me he equivocado en múltiples oportunidades como madre, hija, esposa en línea general como ser humano, entendí que debía batallar para salir de esa situación.

Cuando se está inmerso en la esclavitud emocional los sentimientos negativos agobian al afectado impidiendo ver la luz a nuestro alrededor. La invitación es consentir el entorno tal y como es y con él avanzar a la salida.

En mi caso estos fueron los pasos con los que pude salir de la esclavitud emocional:

1. Aceptación

Acepté que había algo en mí que no estaba bien empezando desde cero, aceptando todo lo que pasó desde niña hasta el presente.

Acepté que necesitaba ayuda que no tenía sentido seguir insistiendo en mi plan de víctima donde mis padres eran los culpables de mis acciones y decisiones.

Entonces trate de regresar al momento inicial, olvidando todas las vivencias con mis padres, hermanos, amigos y familiares.

Para llegar a esta conclusión me cuestioné. Me preguntaba cuál era el sentido de seguir culpándome por las mismas cosas. ¿qué ventajas y desventajas tenía seguir insistiendo en el mismo tema después de tantos años? ¿eso estaba solucionando algo o por el contrario no permitía que avanzara? Me pregunté si valía la pena seguir manteniendo mi máscara de mentiras a cambio de las sonrisas fingidas de todos.

2. Buscando tu pasión

Seguí mis instintos dejándome llevar y respondiendo de forma visceral para encontrar aquello que de forma auténtica realmente disfruto.

Empecé a vivir cada experiencia siendo en consecuencia a mis emociones. Siempre he sido una mujer curiosa que le gusta probar talentos diferentes, repetí aquellos que de costumbre solía hacer, pero esta vez percibiendo la respuesta de mis sentidos.

Como descubrimiento me percaté que cuando hablaba con otras mujeres y brindaba consejos, me sentía viva, feliz, la respuesta de todos mis sentidos era positiva sin importar cuán complejo fuese el tema comentado por mi compañera en ese momento. Hasta el silencio parecía reconfortante para esa persona.

Todos ya halagaban esa destreza en mí era cuestión de tiempo darme cuenta del valor y potencial que le aportó.

3. Cambiar el lenguaje de la queja por el lenguaje de la solución

Con los seres humanos funciona la ley de la atracción y atraes lo que eres inconscientemente, de nuevo son el Ello, el Yo y el Superyó trabajando sobretiempo.

En lugar de insistir en discusiones como "siempre llegas tarde mientras te espero angustiada, tu no me consideras", hice ligeros twist y comencé por mencionar "Me preocupo cuando no se de ti ¿Cómo podemos solucionar ese tema?". Era la misma información, por supuesto se trataba del mismo inconveniente, solo cambie el lenguaje y los cambios se vinieron más rápido de lo esperado.

Este cambio no llegó solo. Desde mi grupo de apoyo mis compañeras de trabajo me invitaron a dejar la queja, hacerla a un lado, sentí que era cierto y traté de solucionar. Me gustó tanto el resultado que ahora como regla cuando sé que hay algo incómodo, mi mente de forma instantánea reacomoda mi queja y la transforma en lenguaje de solución.

4. Controlar la impulsividad

Lo utilicé como mecanismo de defensa. Me decían algo y yo replicaba con cinco cosas, cuanto más dolorosas mejor. En mi vida todo ha sido acción y reacción inmediata. Formaba parte de mi personalidad. no obstante, hay momentos donde debes frenar y pensar cómo impactará en el otro esa actitud, esa emoción visceral que emergía de mí.

Entendí que la vida no es un juego de ataque y contraataque continuo. Con prudencia he conseguido sortear situaciones que anteriormente me resultaban imposibles de sobrellevar.

5. Educarse.

Nutrirse de nuevos conceptos y refrescar los aprendidos en el pasado, reactiva el trabajo de nuestra memoria, crea nuevas conexiones cerebrales y te mantiene en el panorama actual. La educación es una virtud que se cultiva, es la base para el desarrollo universal. Lo mismo aplica para nuestro interior.

Cuando me refiero a la educación hablo de toda índole. De aquella que proviene de las experiencias, libros, cursos, es decir que incluye aquella obtenida en la universidad de la vida que es posible de contrastar con las enseñanzas curriculares para luego llegar al criterio personal.

En este punto por mi curiosidad y entusiasmo por aprender, tomaba cursos que estaban alejados a mi educación. Desconocía en detalle de que iban. Bastaba con que me llamara la atención la descripción del curso para tomarlo. Hoy agradezco mi interés variado. En oportunidades llegué a ser contratada por estos cursos, ellos establecieron una diferencia en mi Hoja de Vida.

6. Proyección

Comencé a imaginarme como sería mi comportamiento cuando iniciara mi presentación como conferencista y coach. Lo pude sentir, desperté en mi la emoción que sentiría en el momento de hacerlo, pude sentir mi corazón latir acelerado ante aquel acto. Yo pude sentir al público que aclamaba mi presencia en el escenario, vi a mis hijos orgullosos atentos a mi discurso, algunas amigas asomaban sus rostros por un costado mientras mi mamá orgullosa aplaudía sin cesar. Asimismo, imaginé cual sería mi comportamiento cuando publicara mi primer libro. Juro que pude ver la cara de admiración de mis hijos. Saber el legado que estaría dejando para ellos, me animaba dándome la fuerza para seguir el proceso de preparación para llegar hasta este momento donde me siento plena.

Lo que sentí es indescriptible, fue una experiencia mágica y me repetí en ese momento, esto es lo que yo quiero sentir con frecuencia, este es el estado en el que mi cuerpo se siente pleno. Esto es lo que debo hacer.

Este proceso lo realicé con miedo. Luego de tantos tropiezos en mi lista, no quería agregar uno más. El compromiso ahora era conmigo misma y me estresaba la idea de fallarme. En oportunidades el miedo llegó a paralizarme dejando el riesgo la salida de la esclavitud emocional pero la época de la queja había pasado. Mi voz interna me repetía no importa si fallaste, levántate y trata de nuevo, lo lograrás. El problema no es sentir miedo, al contrario, forma parte de las emociones y merece su espacio, lo que no debe pasar es que supere la intención de lograr una meta paralizando a la persona. Controlar el miedo sabiendo que el existe al tiempo que avanzamos a su lado, es el acto que necesitamos para salir de cualquier esclavitud. Atreverse y persistir hasta lograrlo, así es como se sale de la esclavitud emocional.

Ejercicio No 8

1. Del listado de pasos mencionados encuentra aquel que consideres podría ser el primero para tu avance a la salida, descríbelo en las siguientes líneas, hazlo tuyo.

____

____

____

____

2. Los ritmos para salir de esta esclavitud varían de persona en persona, sin embargo, las metas son medibles. Platea tu meta en las siguientes líneas y has un seguimiento. Ejemplo: en los próximos 6 meses me prometo salir de esta situación llevando a cabo la aceptación, el cambio en el lenguaje y la educación.

____

____

____

____

3. Los challenge están de moda en las redes sociales. Yo te invito hacer uno personal, es por tu bien. El premio será el cambio en tu entorno. La reacción ante tus afirmaciones. Toma un día y promete no quejarte. No estoy hablando que dejaras pasar aquellos eventos que te molestan, el reto es

hacer entender a los demás tu incomodidad desde el lenguaje de la solución.

Escribe 2 afirmaciones en su forma original y cómo decidiste cambiarlo SIN quejarte.

____

____

____

____

CAPÍTULO IX

Riesgos y obstáculos ante la primera conferencia emocional

1. Riesgos en mi primera conferencia emocional

Hablar en público puede ser tan tenaz y atrevido al igual que podría ser esquiar en la nieve para alguien que sufre de vértigo; frente a ello, con alguien extrovertido, se asume de inmediato lo opuesto, pero nunca será lo mismo hablar frente a una persona sobre un tema casual que frente a cientos o miles donde se asume que eres el experto.

Nuevamente la sombra del miedo trata de apropiarse de nosotros. Confieso que la primera vez que llegó mi oportunidad, mi corazón latía desenfrenado. Conseguí calmarme y hacer frente, pero en ese mismo instante, de pie frente a la audiencia, mientras trataba de encontrar los rostros conocidos que me brindaran soporte, comprendí los riesgos intrínsecos dentro de este nuevo reto.

1.1 La reacción del público ante tu historia personal.

Si sentía pena de compartir con mi mamá la historia de mi casa imagínense lo que pude estar reparando frente a cientos de mujeres. Nuestra historia nos suena emocionante, nosotros lo vivimos. Cuando la compartes no solo llevas palabras sino el lenguaje corporal ayuda a transmitir con exactitud todo el acompañamiento físico que percibiste en su momento. Esa es una película que va corriendo en tus memorias mientras la gente trata de descifrar tu lenguaje. Conseguir que se armonicen las piezas y llegue el mensaje es un segundo reto al que enfrentas a la espera final de la reacción.

Nada más frustrante por ejemplo que contar un chiste y tu público no ría, o desgarrarte detallando un episodio dramático en tu vida y mirar entre el ´público que muchos están atentos a sus teléfonos móviles. Ese tipo de contextos te pueden llegar a descolocar. No los puedes evitar por completo, pero puedes prevenirlo. Estudiando la rutina que harás. Practicando con alguien más desde tu espacio de confort. Mirarle al espejo encontrando que refleja tu cuerpo mientras modulas tu discurso.

Ante el temor por la reacción, acepte que todo es posible, es más prevé que va ocurrir y prepara lo que harás en ese momento. Que no te tome desprevenido. Si te preparas para el peor escenario, ante todo lo que el público realice, estarás lista.

1.2 Las críticas

Positivo, negativo o neutral, alguien comentará acerca de tu discurso. Acepta, ten la certeza de su ocurrencia. Fortalece la seguridad propia antes de ofrecer una conferencia. De esa forma podrás discutir puntos de vista sin considerar las afirmaciones del público como un acto que cubra tu luz personal. Piensa en todo el trabajo que se gasta un cineasta para llevar a las carteleras una de sus películas, el personal a cargo, el manejo del presupuesto, tiempo, reparto, guionistas, banda sonora, iluminación.... todo eso y luego llega un crítico sentado frente a su computadora mientras disfruta de un café y deliberadamente dice "esa película es mala". Algunas veces sin justificativo más que su expectativa personal. Poco valora esa persona el trabajo tras bastidores, se limita a decir bueno o malo.

Lo mismo pasa con nosotros cuando ofrecemos nuestras conferencias. El dedo inquisitivo puede reposar sobre ti mencionado algo despectivo o en el mejor de los casos un cumplido. Pocos saben la historia completa de tal manera que muy objetivos no podrán ser así que ese es momento de simplemente respetar la opinión personal de cada cual. De igual forma el pasado no puedes cambiarlo, pero el presente y el futuro sí. Escucha atentamente lo que tiene por mencionar el público y toma lo mejor de ello para futuras oportunidades.

1.3 La ausencia de tus pilares en el público

Todos son importantes pero tal vez decidiste depositar tu confianza en alguien en específico y por costumbre ante un evento de tal magnitud como tu estreno en esta faceta. Si esa persona no etapa miles de opciones son posibles. Y estas en medio de algo importante, pospón esa preocupación y sigue adelante.

Para evitar los 'down' que experimentan las personas que cuando requieren obligatoriamente ver a alguien específico en el público, deposita esa misma confianza en ti. Mueve tu mente a las prácticas en casa.

1.4 El juego al fracaso.

De la misma forma como buena parte del público suele ser maravilloso, otra parte es terrible. Todos forman parte del colectivo allí atentos a nosotros o al menos eso nos gusta creer. Cuando identificamos alguien que nos está juzgando solo por la portada sin haber dado la oportunidad de al menos escuchar, considera ignorarlo.

Está bien escuchar las críticas buenas, malas o neutrales siempre que estén sustentadas. Toda la información adicional carece de valor porque no es una apreciación de tu trabajo, es una acusación sin fundamento por lo tanto allí como diría la abuela "a palabras necias, oídos sordos". Deja correr las aguas con ese alguien y conecta con aquel que realmente esté interesado en tu labor.

Frente a estas posibilidades desagradables, se ubica un amplio universo de oportunidades por ganar. Entre ellos podemos citar.

1. Que mucha gente conecte con tu voz y decida que repliques tu conferencia o jornada en otras locaciones.

2. La liberación personal al poder gritar al mundo tu verdad.

3. La demostración de tu constancia con hechos, tema poderoso para impartir el ejemplo en otras personas.

El conjunto de estas prácticas trae como consecuencia un profundo crecimiento personal. El conocimiento nadie podrá arrancarlo de mi al igual que la satisfacción de impactar a cientos de mujeres. Es mi pequeño aporte a la comunidad, por un mundo mejor.

2. El riesgo mayor.

Irónicamente el riesgo mayor es perder la oportunidad por no tomar riesgo. Dicho de otra forma. dejar pasar la experiencia por miedo al "Y si…", "y si no resulta", "y si me critican", "y si no les gusta". Se nos olvida que también existe el "y si les gusta", "y si de esta ocasión surgen grandes cosas", "y si es la oportunidad que necesito en la vida".

Siento que estoy en una etapa de mi vida donde es suficiente de "Y si", o "que hubiese sido si". Es momento de actuar, ser cautelosa midiendo los riesgos, pero moviéndome hacia el futuro viviendo el presenta activamente.

3. ¿Cómo identificar que se está listo para tomar riesgos?

A menos que sea un acto premeditado, los riesgos son resultados de un acto impulsivo. El raciocinio se invita a dormir mientras lo irracional toma el control. Con él al mando, los riesgos terminan evaluándose después de haber hecho la hazaña.

Mi primer riesgo fue decidir mi mudanza a Cincinnati a la edad de 15 años escapada de casa, con destino a una ciudad desconocida. Con mi maleta y el español como única lengua llegue envalentonada queriendo comer el mundo. ese fue mi primer riesgo. El siguiente fue ser madre y más tarde mi divorcio. Hice todo lo que estaba a mi alcance para salir adelante. Sin importar el trabajo que se me presentara todo era una oportunidad para salir adelante aprendiendo, así que lo tomaba. Aparte de mi trabajo en el hospital llegué a limpiar un kínder con 17 baños por unos pocos centavos, pasando por cuidar ancianos, limpiar casas, atender en un restaurant, necesitaba un trabajo y lo tomaba sin entrar en detalles.

He tenido la oportunidad de realizar diferentes tipos de labores sin importar los miedos u obstáculos, siempre los tomé como una oportunidad.

Para alguien que viene de una vida económicamente despreocupada, esto es un riesgo enorme no solo por ella sino también por sus hijos.

En ambos casos la ansiedad me ganó. Al momento de salir de casa, yo quería encontrar una salida al círculo vicioso que vivía mi familia. Sabía que a su lado sería imposible superarlo, en la primera oportunidad de huir del lugar, no lo pensé, solo hice mis maletas y corrí contra corriente. Luego llegó una etapa dolorosa, mis padres estaban disgustados conmigo, perdimos el contacto por un tiempo, las consecuencias fueron tan significativas como el riesgo. Pero este tema lo tocamos capítulos atrás.

Para conseguir un cambio, hay un sacrificio, ese fue el mío. Bueno o malo, ese fue el camino que elegí y me ajusté a los resultados.

El último caso, mi divorcio, llegó cuando la situación en casa era insostenible. Todos estábamos distanciados, mi expareja y yo dormíamos separados, él tenía otra familia en paralelo, mis hijos casi no me hablaban, no querían compartir ni la mesa conmigo. Mi casa era un caos ahogado en el silencio así que un día por una tontería, exploté y dije eres tú o yo, pero alguien debe marcharse de esta casa. Tome el riesgo nuevamente desde la impulsividad. Entonces mis experiencias contemplan riesgos conducidos por el desasosiego del momento.

Ejercicio No 9

1.   Prepara un listado con los 3 riesgos que consideres de mayor grado en tu vida y ¿por qué?

____

____

____

____

2.   ¿Cómo prepararse para minimizar las consecuencias negativas por los riesgos?

____

____

____

3.   ¿De qué te estás perdiendo en la vida por evitar tomar riesgos?

____

____

____

CAPÍTULO X

Reconociendo tu llamado

Mi vida era monótona, era vacía me sentía infeliz y desdichada. Económicamente estaba bien pero internamente era hueca no había nada por encontrar allí. O al menos eso creía entonces. Mirando atrás, era una marioneta de carne y hueso, hacía exactamente lo que otras personas esperaban de mí mientras yo no esperaba nada. Qué banal ¿Cierto? todos los días despertar para ejecutar la misma rutina. Preparar el desayuno para los niños en la mañana, llevarlos al colegio, hacer las tareas del hogar, esperar por mi hija para almorzar, continuar con algún pendiente en casa, preparar la cena y aguardar por mi ex pareja. Durante los fines de semana, mi rutina no variaba mucho, la única diferencia era que los niños no asistían a la escuela. Me iba de compras, no conocía de límites eso sí. Compraba cuanto estuviese a mi antojo despreocupada por los cargos en la tarjeta.

Así pasaron años. Yo estuve casada concretamente 22 años con mi ex esposo y doy fe que al menos 15 años los viví de esta manera. Cuanta locura. Los únicos momentos donde esa rutina enfermiza cambiaba, era cuando decidía hacer las mismas actividades probando algo diferente, es decir, hacer las tostadas de otra forma, probar con algún jugo diferente con la niña. Seguir la receta de algún recetario para complacer a mi marido. Limpiar la casa con un producto nuevo esperando que mi suegra se sintiera agradada. La opinión de todos ellos era importante, me atrevo a decir que se trataba de las voces que dominaban mi vida.

No puedo decir que era manipulada o maltratada. En realidad, ellos habían tomado todo ese espacio porque yo lo permití. Siempre por temor a réplica si decía que no quería hacer alguna de mis actividades. El miedo a su reacción ¿y si me botan de la casa? ¿y si él me deja? ¿y si no le gusta? ¿y si no me ve como una buena madre? Los temores me dominaron. Yo era sumamente cobarde. Guardar silencio reservando mi opinión personal solo para mí, era la salida rápida, fácil, sin implicaciones externas.

Internamente me fui destruyendo. Desconozco con exactitud cuánto de aquellas expresiones de desaprobación realmente eran por ofensa o solo parte del comportamiento regular de ellos que terminamos normalizando.

En oportunidades quien ofende puede llegar a sentir que está obrando bien, total es su estilo y siempre le ha funcionado. Si no existe alguien que lo llame a un costado y lo sensibilice en su acción, él no puede corregir. Nadie corrige algo que da resultados porque en su mente está perfectamente ejecutado ¿me siguen?

Regresando a casa, desconozco que tanto pude haber influido en la conducta de mi entorno de haber compartido mis sentimientos, pero sí sé que mi vida habría sido diferente no sé si mejor o peor, pero si diferente de haber hablado. Mi llamado llegó cuando sumergida en la tristeza en aquel rincón gris y con luz tenue trate de quitarme la vida sin éxito. La situación era casi intolerante, y digo casi porque seguí soportando el comportamiento de ellos y mi inacción. Para ese entonces compré el libro sobre la depresión que les mencioné anteriormente ("Como ser libre de la Depresión de Guillermo Maldonado) y de alguna manera me sentí inspirada. Trate de llevar a otros mi mensaje en la iglesia, les hable hasta donde quise sobre mi caso y brindaba consejos a otras personas. Comencé hacer por otros exactamente cuánto esperaba que hicieran por mí. De esa forma reconocí que era momento de hacer un cambio. Había conseguido una actividad liberadora.

Ese día cuando inicié mi transformación, casi 20 mujeres se dieron cita en ese centro de ayuda de la iglesia. Me levanté frente a ellas y pude leer en sus ojos que realmente las estaba impactando, yo estaba ayudando a otras mujeres que pasaban por una situación similar a la mía.

No sabes cuán liberador y dichosa me sentí durante esas horas. El tiempo se paralizó para mí. Estaba derribando ese muro de concreto. Me sentí tan feliz, yo no quería moverme, por perpetuar ese momento, mi brillante momento. Así supe que mi vocación como ponente, era un hecho, lo había descubierto.

Al terminar la actividad de inmediato me dispuse a preguntar por la posibilidad repetir esa experiencia de forma continuada. Ahora con mi vocación descubierta, la adrenalina me había exaltado. Estaba siendo útil con una actividad de mi agrado, al tiempo que influía en otras personas, podía hacer catarsis en el proceso, ¿Qué cosa podía ser mejor?

Me costaba entender cómo era posible que pasara tanto tiempo sin haber descubierto esa actividad. ¡santo! ¿Dónde estaba yo?

Tal vez antes no habría podido hacerlo, de igual forma no tenemos poder para cambiar el pasado solo el presente y futuro. Ese era mi presente y me propuse abrazarlo en mi vida dando la bienvenida con un abrazo interno agradecida por esa cualidad que tengo.

Con el paso de los días mientras dictaba mis consejos, me veía reflejada en las personas con quienes conversaba. Era como conversar con mi yo interno, aunque tenía otra persona al frente. Eso me permitió identificar que sucedía conmigo.

Tomé mi libro como base e hice algunas notas. Yo resaltaba en el libro los puntos que lograba coincidir conmigo. Acto seguido como efecto reflejo, comencé a curarme a través de otras personas y como muestra de agradecimiento hacía cuanto necesitaran dentro de ese círculo. Ejemplo, si una mujer necesitaba que oraran por ella, la acompañaba en sus oraciones, si podía escuchar alguien más en esa iglesia, lo hacía. Esa era mi manera de decir al mundo que me sentía alegre en atender a otras personas como me gustaría ser tratada.

Me involucre en el cuidado de niños a través del "Healing Center". Una gran cantidad de niños hispanos que no hablan inglés llegan a ese centro y ellos ofrecen cuidado mientras sus madres recibían ayuda, me hice partícipe del programa activamente y comencé a llamar otras mujeres para que se unieran a la causa. Ahora no solo impactaba en la iglesia como mentora, me había convertido en movilizadora de masas por la ayuda real a la comunidad. Esa tarea resulta reconfortante, sanadora, una nueva mujer nació.

Esa fue la primera vez que, sin importar mis compromisos en casa, las tareas pendientes se quedaban de lado. El tiempo se había paralizado en ese instante. no importaba nada era yo viviendo, era yo descubriendo mi identidad.

Como parte de mis actividades hasta mi visión de madre sufrió una metamorfosis. Escuchando otras madres y viendo su frustración al no poder comunicarse con sus hijos, entendí que como padres también debemos saber entrelineas los mensajes de ellos. Que como personas merecen y requieren de un espacio. Al igual que yo tomé tantos años para encontrar mi voz interior y hablar, lo mismo puede pasar con nuestros hijos y debemos ser pacientes, si exiges respeto lo brindas, claro está sin olvidar que eres padre o madre. Cada niño piensa, siente, actúa, y se comporta diferente, son personas, es decir, ellos tienen su propia personalidad y con ello trabajamos para encontrar la forma correcta de comunicación familiar.

No sé si lo correcto es decir que encontré mi llamado o en cambio, el llamado atendió a mi necesidad, lo cierto es que se habían cruzado en mi camino y ya no había vuelta atrás.

Ahora que tengo oportunidad para leer más, me tropecé en la bibliografía con "La Casa de Muñecas[5]", y siento que emerjo de la nada como Nora Helmer. El poder que podían ejercer sobre mí gracias a mis temores, solo me ha hecho independiente mi vida ha cambiado de gris a rosa, no debido a que sea perfecta ahora sino motivado a tener las riendas en mis manos.

No te niego que sigo errando no una sino cien veces, eso forma parte del aprendizaje en la vida, pero mi actitud es diferente. No cambió el mundo, cambie yo, y yo soy un pequeño mundo.

---

[5] La Casa de Muñecas novela de Hendrik Ibsen, 1879

Ahora siento que debo aprender más, profesionalizarme, mis anhelos han ido creciendo, mis sueños multiplicándose en la medida que voy avanzando en el logro de ellos. Cuanto más aprendo, más quiero dar.

El tiempo que mi voz guardaba en silencio, me preparó para este reto. Anhelo contar mi historia a muchas otras personas, que los jóvenes se superen, vivan su vida al máximo, que nadie repita esa vida de soledad en compañía por la que yo pasé porque cuando eres un esclavo emocional, estas reprimido por completo, e ciernes al mandato, las reglas y deseos de otras personas, como resultado vives solo, aunque estés acompañado.

Hoy todo tiene sentido para mí, tomar las herramientas que la vida me dio y seguir trabajando con otras personas. Mi lema es "Cada mujer impactada son hogares transformados". Me gustaría saber que al influir en otras mujeres y ayudarlas en su trabajo de superación personal, en realidad estoy trabajando con hogares. Mi sueño es ver hogares prósperos, felices y para lograrlo, impacto en mujeres para brindarles soporte, fortalecerlas y que luego ellas sean capaces de llevar esas buenas prácticas a sus hogares.

La intención no es crear mujeres que sobrepasen a los hombres, de hecho, entiendo perfectamente que estamos todos al mismo nivel, lo correcto es valorarnos como tal, comprender que ellos son valiosos tanto como nosotras. Dejar de lado el menosprecio, esa sensación de inseguridad potenciado en hogares con costumbres antiguas donde la mujer no tenía voz.

La frustración y el estancamiento que siempre han sido vendido como elementos negativos, son oportunidades de mejora si lo vemos desde otro punto de vista. Cuando tu lenguaje cambia de la queja a la solución como vimos anteriormente, eres capaz de ver esos "problemas" como tus aciertos.

Has leído mi historia y podrás imaginar cuan frustrante resultaba saberme aislada, sumisa, resignada a los designios del entorno. Viví un infierno, aunque en el exterior vestía con prendas costosas y una sonrisa se dibujaba en mi rostro. Fue esa misma frustración la que me trajo aquí, la búsqueda de una solución.

En mi exploración entendí que los dones y las habilidades nos fueron dadas para servir por eso es que solo haciendo uso de nuestros dones, habilidades y talentos encontramos la verdadera satisfacción. Mi mayor dolor me creó un sentir, entonces la presión social y personal terminó cambiando su lado negativo hasta llegar a ser un ente movilizador.

Supongamos que te gusta cocinar, pero tus platillos son un desastre, te frustras porque quieres hacerlo de la mejor forma posible, sientes casi un llamado de la cocina, cuando ves los platillos que prepara tu chef favorito una voz en ti te repite "yo puedo replicar ese platillo" y comienzas a cocinar, a practicar, investigar, tomas clases de cocina. Esa frustración te lleva a prepararte y cuanto más practicas mejor es el desarrollo de esa habilidad si decides quedarte en la queja o la frustración, solo verás, pero es que él es famoso, es que él tiene tantas estrellas Michelin, es que él ha escrito muchos libros, "es que..." solo excusas, olvidando por completo que esa persona también debió comenzar algún día y como humano, seguramente cometió sus propias equivocaciones.

Lo mismo para el ingeniero que construye una residencia, el ´profesor que enseña un área determinada, el especialista en sistemas, todos tenemos nuestra pasión y buscamos desarrollarlo mejor. Entonces es en el "hacer, dar y servir" con lo que se conecta, desarrolla e implementa tu pasión. Esta fue mi mayor universidad.

Mi mayor capacitación fue en la práctica, aunque ya tenía teoría para todo aquello. Podemos tener miles de dones, pero si no los practicamos no hay manera de desarrollarlos.

El hecho de no haber asistido a la universidad no puede significar un obstáculo, busca el camino correcto, haz un curso, ve tutoriales, consulta, hay cientos de herramientas capaces de ofrecer capacitación, luego cuando tengas la oportunidad estudia en la universidad o el instituto y profesionaliza tu actividad. Como verás es un proceso continuado.

"si tu mente lo pudo ver, tu corazón puede lograrlo". Mi foco es la materialización de mis sueños. El límite que tenemos somos nosotras mismas.

Ejercicio No 10

1. Escribe un listado de esas pasiones que no has desarrollados y anota a su lado cuál es tu mayor temor o limitación para lograrlo.

Ejemplo:

Quiero ser bailarina profesional

Pensarán que soy mayor para intentarlo

____

Pasión, habilidad o destreza

Mi mayor temor es:

____

____

____

____

2. Vamos a soñar en grande. De tu listado selecciona dos dones y prepara un listado de los beneficios que podrías obtener si desarrollas esas habilidades.

Ejemplo:

Si bailo como profesional podré mantenerme en forma disfrutando del proceso, podré participar en competencias profesionales. Ganaré el respeto que me gustaría por esa actividad, se acabaría la burla por mi edad.

<table>
<tr><td><u>Habilidad 1</u></td><td><u>Habilidad 2</u></td></tr>
</table>

——————————————— ———————————————

——————————————— ———————————————

——————————————— ———————————————

——————————————— ———————————————

——————————————— ———————————————

3. Piensa en la frustración que produce no desarrollar esas actividades. Describe tu sentimiento. Por favor, antes de escribirlo conecta con tu yo interior, cierra los ojos y trata de ver lo más objetivo posible las emociones que la inacción está despertando en ti. Ahora describe con palabras lo que haz experimentado.

———————————————————————————

———————————————————————————

———————————————————————————

———————————————————————————

Cuando termines de escribir cierra tu libro, haz otra actividad, en un par de horas regresa a este punto.

Lee 3 veces tus palabras. Ahora piensa en el sacrificio que estás haciendo por tus temores.

4. ¿Crees que vale la pena lo que estás sacrificando?

En caso de ser negativa tu respuesta ¿Qué cosas puedes hacer para desarrollar tu habilidad?

____

____

____

____

____

5. Describe cómo puede impactar tu vida y la de otras personas si decides aceptar la transición de frustración a oportunidad.

____

____

____

____

Lee con detenimiento tus líneas. Mira los cambios que puedes lograr. Este ejercicio es poderoso, puedes practicarlo con una persona de tu extrema confianza. En una hoja anotan ambas su habilidad mejor guardada, e intercambian hojas, ahora respondan a las preguntas desde el número 2 tratando de pensar objetivamente. Te sorprenderás de las respuestas. Incluso cuando son de extrema confianza, si atienden al ejercicio con honestidad, cambiará la perspectiva actual y podrán moverse a su siguiente aventura. Aprender a desarrollar tus habilidades y hacerlo, forma parte del amor propio como veremos en nuestro próximo capítulo.

CAPÍTULO XI

Aprendiendo sobre la autovaloración

Vamos a retroceder al primer capítulo por un momento solo para recordar el concepto de autoestima. De acuerdo a Maslow[6] es la valoración propia bien sea positiva o negativa influyendo en todas las conductas del individuo viéndose a sí mismo, su entorno y el mundo.

La autovaloración por su parte es el indicador de tu autoestima, del concepto que manejas acerca de ti mismo, tu interacción con el entorno y como parte de la sociedad.

Sobre ese indicador no existe una escala numérica clara, y todo dependerá de tu punto de vista y las emociones que despierte tu autoestima en ti por lo tanto la escala es individual.

En mi opinión personal relaciono la autovaloración con el amor propio. tomar la decisión de amarnos es valorarnos, comprender nuestra cuantía para luego cosecharla y trabajar por mantener en alto nuestra autovaloración. Se dice que, al

---

[6] Ítem Nota número 1

conservar en alto el indicador, se tiene la autoestima alta, mientras que, si tu autovaloración desciende, la consecuencia inmediata es la autoestima baja.

Para comprender este concepto en la práctica, quiero compartir contigo el evento que en mi caso me habló conscientemente por primera vez de autovaloración.

Luego de la separación con el padre de mis hijos, unos 3 años atrás. Me encontraba con el ánimo por el piso. Acababa de descubrir que la mujer con la cual me engaño por largo período mi ex esposo, era una amiga conocida. En múltiples oportunidades ella fue mi invitada a la mesa, de hecho, era una persona asidua de visitar la casa, ahora veo que no por las razones que yo imaginaba.

Durante nuestro matrimonio en varias oportunidades él me fue infiel con diferentes mujeres, lo sé porque descubría sus andanzas y las aceptaba tal como describí en otros capítulos por estar en mi "zona de confort" despreocupada del aspecto económico. Sin embargo, En esta oportunidad me dolía sobremanera la traición de mi amiga. Experimenté una mezcla de sentimientos entre ira, coraje, traición, infelicidad, humillación, me sentía pisoteada y sin valor alguno por mi quienes consideré mis amigos, esa familia que por elección tenemos.

Cuando su relación se dio a conocer abiertamente, ella se desapareció. Yo juraba que algo le había pasado, de la noche a la mañana cortó todo tipo de comunicación. En ese momento la situación migratoria de ella era ilegal. Preguntaba a todos los conocidos comunes ¿sabes algo de fulana? ¿la has visto?, tengo tiempo sin tener razón de ella y antes solía ser muy cercana a la casa, me angustia su situación. Me preocupé mucho.

Aunque no tengo pruebas, ahora pienso que se desapareció de mi entorno porque estaba con él.

Ella estaba esperando un hijo. Me dolió enterarme de eso. Me dolió saber que, siendo mi amiga de confianza, justo la persona con quien me comunicaba cuando tenía problemas con él, era la mujer que ultimadamente jugaba como doble agente y terminó entre sus sábanas. Cuando yo le contaba mi frustración ella se mostraba empática conmigo, me respaldaba, se enojaba con él. Yo pensaba que estábamos en el mismo equipo cuando la realidad es que ella estaba enojada porque en la doble vida que él vivía, nos estaba engañando a las dos.

Cuando descubrí ese tema y lo comenté a mi hija, la depresión invadió nuestro hogar. Nuestras relaciones ya estaban quebrantadas y ese hecho terminó por fracturar todo.

Sentí traición por parte de todo mi entorno, ¡ah!, es que no te he dicho, todos a mi alrededor consentían esa aventura, eran cómplices del hecho, los únicos sin enterarse éramos mis hijos y yo. Me sentí burlada y ridiculizada por todos. ¿Cómo podía confiar de nuevo en alguien de ese entorno?

Me cansé de que me humillaran, fueron mis hijos quienes me mantuvieron de pie y con algo de fuerzas para continuar.

Mi hija atravesaba en ese momento su propio cuadro de depresión. Presentaba sobrepeso, todo le incomodaba, nada parecía satisfacerla, era una constante queja por todo a su alrededor, en las clases marchaba mal y conversar con ella era un sufrimiento, necesitaba condicionar cualquier cosa "si no hablas conmigo no usarás tu celular", "si no pasas tus materias no podrás salir con tus amigos" .... allí mi frustración floreció rotundamente. Yo debía hacer algo por mi hija. Tenía que ayudarla, pero mis ánimos estaban por el piso. Es imposible ayudar alguien más sin ayudarse uno mismo.

Se fue de casa con un muchacho un año después de esta tormenta. Cometió muchos errores. Sentí que se estaba repitiendo mi historia y eso me enloqueció.

Yo no podía traer por fuerza a mi hija de regreso a casa, mas, sin embargo, estaba a mi alcance decirle 'estoy aquí', 'cuenta conmigo'. 'Soy tu madre y amiga'. 'Entiendo que el humor en casa no atravesaba por la mejor ocasión, pero somos familia y te amo'.

Una noche me llamó un buen amigo. Me llamó nada más para decirme "tú eres suficiente". Pero él no estaba al tanto de mi situación, al menos no por completo. Nosotros no hablábamos con frecuencia por lo que desconocía el detalle de mi problema emocional en ese momento.

Siguiendo con nuestra conversación me dijo levántate de donde estés, ve a tu habitación y busca una pintura de labios o marcador de larga duración. Haz lo que te estoy diciendo porque luego me enviarás una foto para comprobarlo.

Me levanté y conseguí una pintura de labios y me dijo escribe "soy suficiente" ahora mándame una foto. Se la mandé y luego de comprobarlo solo me dijo ok, ahora si te dejo hablamos luego, que pases buenas noches.

Colgué el teléfono y quedé embelesada leyendo la frase haciendo preguntas y respondiendo con la misma frase, al mejor estilo de Groot en Guardianes de la Galaxia.

Luego de patalear y repetirme lo suficiente esa frase con diversas entonaciones, me cuestione preguntándome ¿por qué estoy llorando? Es cierto, Yo soy suficiente.

Yo hacía muchas cosas que para otras personas resultaban extraordinarias, la gente pensaba que tenía la autoestima alta, sin embargo, todo era arte de mis habilidades como actriz. En realidad, estaba muy disgustada, decepcionada con mi ex esposo y conmigo misma por no haber visto las señales de ese hecho con mi mejor amiga.

Ese mensaje "yo soy suficiente" era el mensaje que el primer paso que necesitaba mi cuerpo para sacudirse, reaccionar, levantarse y despertar nuevamente de esa tormenta.

Me preguntaba ¿por qué me sigue doliendo esto si ni siquiera estamos juntos? par de años habían pasado desde nuestra separación. ¿por qué razón seguía anclada a él?

Luego pensé cuántas mujeres sienten que no valen nada. me pregunté cuántas mujeres pasan por la misma emoción, tal vez por diferentes razones, pero despertando el mismo sentimiento. Una voz me susurró al oído "tu hija".

Horas más tarde ese día, me llamaron de la iglesia para dirigir un grupo de danza para jóvenes. Casi parto en llanto por teléfono ¿cómo podía ayudar a otros jóvenes cuando sentía que le estaba fallando a mi propia hija?

Acepté el reto, me dije debo sacar fuerzas de alguna parte, pero tengo que ayudar. La mañana de la reunión con los chicos, me llamó mi hija preguntándome si podía regresar a casa. Le respondí que podía hacerlo, "esa es tu casa, lo sabes" le dije. Debo ir a la iglesia porque tengo un compromiso, cuando llegue a casa conversamos.

Ese día lloré como nunca en la iglesia, me quejé y agradecí al mismo tiempo por el regreso de mi hija a casa, pude preparar la coreografía, conversé con los jóvenes, hice una pequeña charla de motivación para luego regresar y re-encontrarme con mi hija.

Era el día de las madres. Cuando llegué mi mamá y mi hija dormían en el sofá. Mi mamá hizo exactamente lo que yo hubiese querido vivir en mi historia personal. Le brindó cariño, compasión, la escuchó y le abrió las puertas de la casa recordando su valor y posición. Esta vez su madre si lucharía por su hija impulsaba por la fuerza que su abuela me proporcionó en ese momento.

Ver eso terminó por curar las heridas entre nosotras. Ese fue el momento de sanación de la relación entre 3 generaciones. Mi madre también había pasado por esa situación y podía decir con base "comprendo lo que sientes, pero esa no es la salida".

Cuando despertaron de su siesta, la primera frase que me vino a la mente fue "yo soy suficiente", en ese momento me estaba despertando del letargo que sufrió por años mi autovaloración. Con mi hija en casa, los pasos seguros que estaba dando en el trabajo, el respaldo de mi mamá, al igual que la mamá de mi ex esposo, las cosas cambiaron de inmediato, en realidad debo decir que cambié yo frente a mi entorno. Esa frase en mi espejo fue poderosa. Ese fue mi momento de gloria de valoración personal. Mi amigo tenía razón **"Yo soy suficiente"**, había descubierto **mi verdadero poder interior.**

Ejercicio No 11

1.   Describe tu concepto de autovaloración para ti.

____

____

____

____

2. Siéntate en un lugar tranquilo de casa y ve en tu interior y describe ¿cómo se encuentra tu autoestima por estos días de acuerdo a tu escala de autovaloración.

____

____

____

____

3. Escribe 3 acciones que puedes hacer para elevar tu autoestima al máximo.

____

____

____

Para finalizar este episodio, la invitación es a escribir en un espejo en casa que ubicado en un lugar que debas leer con frecuencia, "yo soy suficiente", repite esa frase. Créelo y haz cuestionamientos personales hasta que te convenzas que lo eres.

CAPÍTULO XII

Soy autosuficiente

Cuando hablamos de autosuficiencia nos referimos a alguien que es capaz de satisfacer todas sus necesidades por sí mismo. En mi opinión cuando hablamos de una mujer el concepto es un poco más amplio. Eres autosuficiente si eres capaz de proveer, mantener, servir y cubrir tus carencias y las de tu familia.

Adicionalmente en el plano emocional una mujer autosuficiente mantener su autoestima alta. Saber que no necesita de un tercero para auto valorarse, pero más que eso debe poder aportar en su entorno.

En términos de decisiones importantes en la vida de una persona es reconocer que existe un creador que pensó en ti para hacer grandes cosas, para ser feliz y no para vivir martirizado, eso no significa que todo es color rosa, o una sombra perpetua, eso anuncia que en tu vida hay altos y bajos con un fin de plenitud certero, está en cada uno de nosotros delinear el camino para lograrlo.

Como fiel cristiana, considero que la mejor decisión que he tomado en mi vida ha sido aceptar a Dios. Allí considero que comenzaron las bendiciones en mi vida y la de mi familia.

Desde entonces he aprendido sobre el amor propio, el perdón. Entendí que nadie puede ofrecer algo que no tiene. Me identifique como luz en vez de tiniebla. Puedes tener todo el éxito material que quieras, pero de no tener ese amor inexplicable en tu corazón, para mí todo se vuelve sal y agua., se desvanece.

En camino a la autosuficiencia nuestra valoración personal debe estar claramente definida y con tendencia positivo, recuerda que se trata de tu autoestima, factor esencial para la autosuficiencia.

La psicoterapeuta Virginia Satir[7] resumió de forma magistral las libertades a considerar para llevar nuestra autoestima a su máxima expresión todo de la siguiente manera:

1. Tener la libertar para ser lo que uno es ahora, en vez de lo que fue, será o debería ser.

En esta libertad comenta Virginia que la personal puede alcanzar cierto grado de autoconocimiento adquiriendo conciencia de sus sentimientos, pero en muchos casos se encuentra limitado por terceros o por una barrera mental propia. En tal este sentido el primer paso consiste en el reconocimiento y aceptación de quien es a fin de poder actuar en consecuencia, logrando el respeto del entorno.

Ejemplo: soy consciente que cuento con habilidades como bailarina y coreógrafa, pero me daba miedo al princípio explotar esa habilidad por temor al qué dirán. Si yo me acepto

---

[7] "Making Contact" de Virginia Satir, año 1976

como soy y me mantengo firme en mi posición, me estoy auto respetando al tiempo que invito a mi entorno al respeto por mi espacio.

2. Tener la libertad para sentir lo que se siente, en lugar de lo que se supone que debería sentir.

Enmascarar nuestras verdaderas emociones con otras para complacer el entorno es un barrera tremendamente nociva y destructiva. la imposibilidad de reconocer lo que sienten, o de concederse la libertad de sentirlo impide el reconocimiento de los verdaderos sentimientos y con él vives en una mentira eterna. Profundizar en lo que realmente se siente, para después poder transformar o manejar esos sentimientos en forma positiva forma parte del autoconocimiento y valoración personal.

Culturalmente estamos condicionados a aceptar determinados sentimientos y a condenar otros, y cuando los sentimientos de una persona no encajan con estas estructuras, tendemos a negarlos, entonces esas emociones están reprimidas y actúan desde la sombra, distorsionando toda nuestra realidad. En ese proceso vemos nacer elementos como el auto sabotaje, la rebeldía entre otros.

Son propios de este problema los ermitaños. Más recientemente hubo una tendencia muy de moda bautizada como "los niños emo", todos con sus emociones reprimidas por diversas razones, ellos son un ejemplo de la ausencia de la libertad para sentir lo que se siente.

3. Tener libertad para decir lo que uno siente y piensa, en lugar de lo que se supone que debería sentir y pensar.

Esta libertad la conocemos de otra manera como 'libertad de expresión' pero llega acompañada de una gran responsabilidad. El hecho de adquirir ese libre albedrío, implica el reconocimiento de cuándo y cómo decirlo, e incluso adquirir la libertad de no decirlo. La persona deberá aprender a callar libremente, ya sea porque sepa que no va a ser comprendido, porque considere que lo que calla no está generando un aporte o porque simplemente es parte de su intimidad y elige no compartirlo. A su vez esta libertad implica aprender a no decir lo que los otros esperan escuchar, o lo que se supone que debería sentir y pensar, porque eso sería mentir.

No todo es cuestión de hablar, ser introvertido o extrovertido, esta libertad llega acompañada de una palabra clave: 'prudencia'.

4. Tener la libertad para correr riesgos por cuenta propia, en lugar de elegir siempre lo que se considera más "seguro".

Siempre hablamos de los terceros como afecta nuestro comportamiento a otras personas y poco miramos hacia nuestro interior. El reconocimiento de la honestidad con la persona más importante en nuestra vida, es decir, con nosotros es la única vía que garantiza el aprendizaje certero. Nuestras acciones deben ser cohesivas con nuestras verdaderos pensamientos y emociones. Cuando decides hacer lo contrario solo por llevar la corriente, las experiencias no son tu elección, es decir que alguien más está manejando tu vida o al menos en ese momento está tomando el control porque tú lo has permitido.

Dice el reconocido terapeuta Jorge Bucay[8] "mientras tu tengas las llaves de las puertas internas, nunca dependerás de alguien más, sin importar que las puertas estén abiertas o cerradas, tú estarás en control.

Cuando la persona no logra tomar sus riesgos, establecer su criterio propio y avanzar cónsono a este, no llegará aprender de sus experiencias, casi se puede decir que va por la vida como marioneta. Ese "ensayo y error" crucial en la vida, no llega por consiguiente todo lo que obtiene es la copia en las ideas de alguien más por falta de criterio propio.

Todas las personas que han aportado su conocimiento a la humanidad, lo han hecho corriendo sus propios riesgos, incluso cuando sean las mismas actividades genéricas, cada cual tiene sus maneras, perspectivas diferentes capaces de romper patrones.

5. Tener la libertad para pedir lo que uno quiere, en lugar de esperar que alguien le dé permiso para hacerlo.

Saber lo que quieres y pedirlo es la cúspide de esta autovaloración. Es la libertad que ocupa la cúspide de la

---

[8] Jorge Bucay es un psicodramaturgo, terapeuta gestáltico y escritor argentino con más de 15 libros publicados llegando a superar los 2 millones de copias en todos sus títulos traducidos en 17 idiomas alrededor del mundo. Es referente terapeuta con 4 décadas de reconocida experiencia.

pirámide engloba dos descubrimientos primero defino lo que quiero para luego tener la posibilidad de pedirlo. Eso es un sentimiento genuino, natural totalmente liberador. Conocer con claridad lo que se siente, poderlo decir y asumir los riesgos que eso implica, quiere decir que has cumplido con las libertades anteriores. A este punto te conoces bastante bien no podemos decir que por completo porque somos un libro que aún se escribe, pero tienes la base, sabes hacia dónde te diriges como escritor de tu historia personal, sabes que quieres, cómo lograrlo, lo expresas, y te valoras.

Cumpliendo con estos preceptos, podemos decir que has avanzado más de la mitad del camino hacia la autosuficiencia. Tus bases son sólidas, lo que viene es añadidura.

La autosuficiencia en mi opinión llega a través de tener una relación personal con Dios, ser autosuficiente es borrar la dependencia de otra circunstancia, o tercera persona para actuar conforme a nuestros principios y criterio personal interactuando con nuestro entorno de forma responsable, respetando las libertades mencionadas y comprendiendo que somos parte de un todo.

En mi caso, la valentía de perdonarme por todos los errores cometidos y levantarme con coraje y pasión para seguir mi camino, forma parte de la autosuficiencia.

Ejercicio No 12

1. Conociendo las libertades para llegar a la autosuficiencia ¿qué errores consideras debes superar para alcanzarlos?

____

____

____

____

Con los ejercicios prácticos que hemos visto a través del libro, te creo capaz de contestar a las tres preguntas básicas ¿Quién soy? ¿Adónde voy' ¿con quién voy? Y con ello marcar tu ruta o continuar tu ruta al éxito.

Me gusta pensar que, con mi vivencia, consejos y así como la apertura de mi corazón a ti. Puedas orientarte en tu camino.

Recuerda que esto no es un manual cerrado cada cual tiene sus formas y maneras, pero si te orientará en tu proceso.

He compartido mis vivencias para demostrarte que, **sí se puede salir de la esclavitud emocional**, si es posible descifrar tu identidad. Con mi ejemplo mírate al espejo y reconoce en ti aquello que te hace feliz y lo que debas cambiar. Recuerda que la acción es básica es por ello que mis consejos llegan desde el ejemplo.

Es muy sencillo dictar consejos por doquier viendo los toros desde las barreras. Es allí donde nacen los juicios sin fundamento.

Hay un tema de un artista guatemalteco que resume mi forma de ayudar "Jesús es Verbo no Sustantivo" con letra y música de Ricardo Arjona. En ese tema se describen las acciones de Dios fuera de las paredes de la iglesia. No creo en golpes de pecho sin sentido, por una parte, yo creo que se debe ayudar al prójimo a levantarse. Incluso las ayudas son interesadas a diferencia de lo que dice la mayoría sin embargo el interés no es material sino espiritual. Cuando trato de impactar en otras personas es porque sanando a la comunidad, me sano a mí y como conjunto progresamos, aunque conservemos nuestras individualidades.

Un buen líder llega al campo de batalla y demuestra con valentía que sí se pueden lograr las metas. Eso es lo que trato de mostrarte humildemente a través de estas líneas.

Luego de haber encontrado a Dios y tener esta relación íntima con él, mi misión es conseguir que la gente pueda encontrarse con él a través de mi persona como un aliado en el camino a conseguir su identidad.

Espero que puedan tomar las mejores experiencias de mí y que de mis malas acciones con prudencia las eviten evitando esos tropiezos en sus vidas.

Tengo fe de impactar positivamente en ti como lectora y testigo de mi experiencia, que la bendición de Dios abrace tu vida pudiendo hacer los ajustes necesarios camino a tu plenitud y felicidad.

"Significado De La Imagen De La Portada"

Esta imagen refleja el proceso de la metamorfosis de mi vida. Una transformaciòn que ha ido ocurriendo atravèz de mis vivencias. Por muchos años camine sin identidad, en confusiòn y sin amor propio.Con un sentimiento de no ser suficiente hasta que tome la desicion de ser la capitana que dirigiria mi vida.

En una gran cantidad de ocasiones, únicamente miramos nuestra condición exterior, enfocándonos en nuestros defectos, o en las opiniones que los demás tienen sobre nosotros. No es hasta que decidimos conectarnos con el poder que ya existe en nuestro interior. Ahí es donde empieza la transformaciòn interna y comenzamos a desarrollar las alas para hechàr nuestros sueños a volar.

Ahora puedo decir !YO SOY SUFICIENTE! La imagen del rostro en la portada fue creada por: Jerry Rodriguez

¿Qué Haré Con El Resto De Los Años Que Me Quedan?

Voy a impactar con mis acciones y palabras a todas las personas que vengan a mi vida. Quiero guiar a las personas a dejar un legado positivo para que cuando ellos no estén, otras personas se puedan beneficiar de cada palabra, vivencia, y acciones que ellos realizaron en vida.

Empezaré por mis hijos; Para que aprendan de mí a crear su propia visión de vida, y la conecten con cada acción que ellos tomen.

Quiero crear una conection mayor con mi Dios, para poder tener la sabiduría correcta en el momento correcto. Para plantar semillas de amor que de fruto de identidad propia, paz interior, tolerancia, prudencia etc.

Quiero marcar la diferencia en mi generaciòn y la venidera. Quiero dejar libros con mensajes impactantes. Quiero, romper la maldiciòn de soltería en mi familia. Y que atravèz de mi, venga una bendiciòn de matrimonios donde allà amor, paz, perseverancia y tolerancia entre uno.

Quiero dejar una economía estable a mis hijos y nietos. Y sobre todo, que me recuerden como una mujer que nunca se rindiò. Que aunque callò muchas veces pero se levanto y siguio caminando. Que Supe amar aun en la deception y el dolor. Que entendiò que èl perdòn no era para beneficio de los demàs, sino para mí sanaciòn interna.

Que aprendi amar mi soledad porque ahí aprèndi a conocerme. Y que la vida es lo que tu hagas de ella. Que aprendí a vivirla al màximo. Aprendí a educarme para mejorar y dar lo mejor a todos y en todo momento. Yo decidí sacar la mejor versiòn de mi, hasta el ultimo dia de mi existencia .

Susi Canela,

La Autora de "Yo Soy Suficiente"